大拓

11招，教你練習不生氣

超貼切情緒控制術

正面思考：53

11招，教你練習不生氣：超貼切情緒控制術

編　　著　陳曉雲
出 版 者　大拓文化事業有限公司
執行編輯　林美娟
美術編輯　林子凌

總 經 銷　永續圖書有限公司
劃撥帳號　18669219
地　　址　22103 新北市汐止區大同路三段一九四號九樓之一
TEL　(〇二)八六四七—三六六三
FAX　(〇二)八六四七—三六六〇
E-mail　yungjiuh@ms45.hinet.net
網　址　www.foreverbooks.com.tw

CVS代理　美璟文化有限公司
TEL　(〇二)二七二三—九九六八
FAX　(〇二)二七二三—九六六八

法律顧問　方圓法律事務所　涂成樞律師

出 版 日◇二〇一五年四月

國家圖書館出版品預行編目資料

11招，教你練習不生氣：超貼切情緒控制術/陳曉雲編著. -- 初版. -- 新北市：大拓文化，民104.04
面；　公分. --（正面思考系列；53）
ISBN 978-986-411-001-8(平裝)
1.情緒管理 2.生活指導
176.52　　　104002307

前言

我們想要控制自己，卻不知道該怎麼做？

常聽到有人一面懊悔，一面這樣說「我知道我不該這樣，可是…，我真的控制不了自己」。

每個人都有情緒失控的時候，對我們來講，情緒好像是一種很難控制的東西。可能因爲一件很小的事情，就會激起我們很強烈的情緒反應，我們能夠控制它嗎？

心情低落的時候，覺得自己很可憐、很糟糕、很倒楣；憤怒的時候，覺得很生氣，怎麼發洩都無濟於事；悲傷的時候，覺得全世界都是灰色的；失望的時候，再也看不到光明。沒有人希望自己總是有這樣負面的情緒，可是它卻自然的產生了。

每個人都有情緒波動的時候，每個人都會有不良的情緒，在這個複雜的社會中，終日要面對來自家庭、工作、社會的各種壓力。尤其是現在面對突如其來的經濟危機，在這樣經濟不景氣的情況下，很多公司都會採取比如裁員，降薪等措施，很多人都在擔心失去工作，對未來感到有些迷茫。隨之而來的肯定會影響情緒，心情煩躁，如果控制不好的話，不但會影響自己的工作和生活，同時也會影響其他人。

所以，越是在這種時候，越是要學會調節自己。因爲一旦你的情緒失控，在面對問題的時候就會無法理性而冷靜的面對，同時行爲也會失控，會把本來好的事情變壞，不好的事情變得更糟糕。

總之，在生氣之前，一定要學會思考。思考一下，什麼行爲是需要的，什麼行爲是必要的，什麼行爲是錯誤的，這樣，你就會慢慢找到自己的路。但是，這條路需要慢慢地捉摸，不是一朝一夕就能夠頓悟的，我們也都是在頓悟中學習成長，一路這樣走過來的。

目錄

CONTENTS

目錄

11招，教你練習不生氣

Chapter 01

誰掌控了情緒

心情好，一切都好，心情壞，一切都壞。

誰就能掌控一切

01 情緒是什麼？

Emotion 01

每個人都知道情緒是什麼，自己都會產生情緒，都會有喜有怒，有悲有懼，可是當我們想開口解釋這兩個字意思的時候，才發現其實並不容易做到。

古代的先賢們曾經有過這樣的表述：「漫卷詩書喜欲狂」、「怒髮衝冠」、「哀民生之多艱」、「草木皆兵」。

現代專家們對情緒也並沒有一個一致的定義，美國心理學家利珀認爲「情緒是一種具有動機和知覺的積極力量，它組織、維持和指導行爲」。而著名情緒專家丹尼爾・戈爾曼則認爲「情緒是感覺及其特有的思想、心理和生理狀態及行動的傾向性」。

我們沒法去研究這些專業的定義哪個更準確，因爲情緒總是自然而然的發生著。但是有一點肯定的是：當現實和你的願望一樣時，就會產生積極的情緒，和你的願望相違背時，就會產生消極的情緒。

一個正常的人，必然會產生各種情緒的。「生氣」應該是我們最常見的情緒了。沒有人願意生氣，但是除了聖人，也沒有人總是心平氣和，遇到任何事都是好脾氣的。

比如爲了一個case，你辛苦工作了一周，可是上司還是說不行，要重新做，你感到很生氣；對孩子，你把他照顧的無微不至，想給他世界上最好的生活，可是他不領情，說你管的太多，你感到很生氣；結婚紀念日，你興沖沖的回到家，卻發現只是自己一個人記得這件事，你更加的生氣。其實每天都有很多這樣的事情發生，讓你感到很生氣，甚至傷心。因爲它們與你心中所想的完全不一樣。

當你做好這個case的時候，希望得到上司的肯定，因爲這是你一周的工作結果；你希望孩子對你感謝，因爲你這樣做全是因爲愛他；你希望好好慶祝一下你們的結婚紀念日，而不是像現在這樣，一個人記得。如果事實都和你的願望相符，那麼你的情緒就不是現在這種「生氣」了，而是很「高興」，很「欣慰」，很「幸福」了。

無論喜怒哀樂，都是人們在表達自己的心情。就像你的額頭發熱，是因爲你的身體健康出現了問題，而不是你的腦袋有問題一樣，我們出現了各種各樣的情緒，也是一種症狀而已，而不是情緒本身是問題。情緒出現了，是因爲問題出現了，要求我們去處理了。

所以，情緒是什麼？情緒就是你的心態的反應，是你對事實滿意或者不滿意的反應，是會把你的心理反應在你的行爲上的。

當你出現憤怒、悲傷、憂慮，恐懼等的時候，首先回答兩個問題：

你爲什麼會出現這種情緒？

你希望事情是怎樣的？

弄清楚了這兩個問題，然後朝著你希望的去做！不要壓抑和埋葬情緒，也不要陷在情緒裡不能自拔，情緒不是什麼神聖之物，瞭解它只是爲了把事情做的更好。

02 Emotion 分辨健康和不健康的情緒

我們天天在說管理好自己的情緒，可是你能夠發現你的情緒變化嗎？你能明白自己的情緒是由於什麼原因造成的嗎？

我們都知道，健康的情緒包括自信、開心、愉悅……，我們可以說出一長串，不健康的情緒同樣很多：沮喪、憂鬱、悲傷、恐懼……。但是你知道自己會經常表現出哪一種情緒嗎？這種情緒對你的影響是怎樣的？

所以要時時提醒自己注意：「我現在的情緒是什麼？」例如：當你因爲朋友約會遲到而對他冷言冷語，問問自己：「我爲什麼這麼做？我現在有什麼感覺？」如果你察覺你已對朋友三番兩次的遲到感到生氣，你就可以對自己的生氣做更好的處理。有許多人認爲：「人不應該有情緒」，所以不肯承認自己有負面的情緒，要知道，人一定會有情緒的，壓抑情緒反而帶來更不好的結果，學著觀察自己的情緒，是情緒管理的第一步。

要瞭解自己的情緒：當我焦慮的時候，我表現出來焦慮了嗎？我感覺到了我的焦慮了嗎？未必！因爲有時候，人們是相對來說比較遲鈍的，或者有其他的事情在忙使得自己一時體會不到，這個時候要自己思考一下，確定自己是否真的有某種情緒。

可以給自己做一個心情日誌，可以用不同顏色的筆標出自己的心情特徵，到了一定時間，可以自己做一個總結，這樣有助於自己識別自己的情緒，並且從中找到解決的方法，還能防止自己犯同樣的錯誤。比如，某天，你因爲憤怒和同事大吵了一架，結果不僅自己心情不好還被老闆罵，其他的同事還對你頗有微詞，那麼下次再出現類似的狀況，你就知道一時衝動的後果是什麼，也就知道該怎樣進行正確的處理了。

Emotion 03

別老抱怨為什麼

生活的快樂與否，完全決定於人對人、對事、對物的看法如何。

生活中，我們經常見到有人發脾氣，也經常看到有人因爲發了脾氣，而把事情搞的一團糟，其中的原因不是這個人的能力不夠，而是因爲這個人一點點的壞心情，導致了最後很多事情的失敗。

不知什麼原因，有時候總是感到心情不爽，整天悶悶不樂。對人對事都敏感多疑，在公司、在家中心煩氣燥，什麼事也做不好。明知這種心態和做法不好，可是偏偏又控制不了，不但影響了工作和生活，又在不自覺中得罪了一些原本關係還不錯的朋友。越是這樣心情越是煩躁，就這樣陷入了惡性循環。

所以說，一個人的心情和一個人所做的事情有著很緊密的聯繫，心情好，事情也相對能完成得好；相反心緒不穩，心慌意亂胡思亂想，根本不把心思放在工作上，這樣的心態又怎麼能把事情做好呢?一個人或這一件事能令人心情不愉快一定有著特別的原因,也許有的原因要過很久你才有可能知道,但這些都並不重要,重要的是它會影響你的心情,影響到你的判斷,也影響到你的生活。

心情好,一切都好,心情壞,一切都壞。成功和失敗的人,往往只是自己控制心情的能力有所不同。成功者善於控制自己的心情,在失敗中看到美好的將來,爲暫時的失敗而沮喪。而一個失敗者,卻不會控制自己的心情,並且任由自己的情緒隨意放縱。

現實生活中,使人高興愉快的事物往往不是很多,而令人煩躁傷心的事物卻往往數也數不清。很多成人都懷念童年的理由就是因爲兒童時期都是最快樂的,因爲沒有過多的心事和煩惱。要回到過去這當然是不可能的,但是面對壞心情,我們就沒有什麼辦法了嗎?當然不!用電腦的人都知道,資源回收桶是需要經常清空的,否則會佔用過多的空間,影響電腦的速度。人也是一樣,隨時把壞的情緒扔掉,時時刻刻都保持心情愉悅,才能夠更好的生活。

怎樣擁有好心情?下面的幾個方法也許可以幫助你:

(1)擁有一個適度的目標

每個人都要對自己要有個很好的認識,給自己所定的目標不要太長遠,最好能制定一些容易實現的小目標，以滿足自己的成功心理，對自己的期望也不要過高，總是想做超出能力之外的事情，這樣即便失敗了，對自己的傷害也不會太大。

(2)凡事靠自己

要永遠記得，在這個世界上，誰都不能真正地幫助你，唯一能幫助你的只有你自己，因此不管做什麼事情，都不要把希望寄託在別人的身上，否則希望越大，失望也就越大。

(3)幫助別人

在現實生活中，不是每個人都能一帆風順的，在有能力幫助別人的時候，一定要竭盡全力地幫助別人，這樣你以後的路就會越走越寬，這也是擁有一個好心情的主要方法之一。

(4)善於作出讓步

俗話說的好，忍一時風平浪靜，退一步海闊天高。在適當的時候不要太爭強好勝，要做出一定的讓步，以免自己的心理壓力太大，或者增添不必要的煩惱，這樣會給自己的生活帶來很多不愉快。

(5)善於調節壞情緒

每個人都不可能是沒有情緒的，在這個時候，除了要善於冷靜之外，還要爲這些情緒找一個安全的發洩方式，比如說去跑步，聽聽音樂，或者外出走走。千萬不要借酒澆愁這樣只會愁更愁。

(6)往好的方面去想

有些人有一種很不好的習慣，總是在一件事情發生以後，最先看到這件事情不好的方面，而往往忽視了好的一方面。古語有言：禍福相伴，說的就是一件事情不管好壞都有它們的兩面性。只要我們能看到好的一方面，那麼我們的生活就會多很多的快樂。

Chapter 02
我怎麼這麼倒楣啊

長時間的壓抑會使人處於憂鬱不安的狀態，憂鬱使得人生瀰漫著灰暗的氣氛。

04 人人都可能憂鬱

Emotion 04

憂鬱並不可怕，因為人人都可能有憂鬱的症狀，關鍵在於你怎樣對待它。

以創造中篇小說《老人與海》榮獲一九五四年諾貝爾文學獎的著名作家海明威由於憂鬱於一九六一年夏日的一天，用子彈結束了頑強的一生。

二〇〇三年四月一日，張國榮跳樓身亡，人們瞭解的理由是：因患憂鬱症而離去。

美國著名喜劇影星金・凱瑞公開表示：一直受到憂鬱症困擾，至今未能徹底治癒。

今年，日韓明星接連自殺，最終都被歸結於患有憂鬱症。

一個嬰兒，自己心愛的玩具找不到了，開始悶悶不樂、不吃飯。

一名中學生，因爲自己臉上長滿了青春痘，不願和人交往，甚至故意迴避熟人，最後整個人表現出極度的惶恐不安，晚上開始失眠，學習成績也是一落千丈。

……

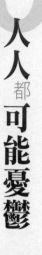

從名人到凡人，從成人到小孩都受憂鬱這個「灰色情結」困擾，且不分年齡層次。近年來，因為面對的壓力、挑戰和競爭越來越多，年輕人中憂鬱的表現也越來越明顯。

憂鬱是一種消極的心境狀態，通常的表現是情緒低落、鬱鬱寡歡、悶悶不樂、無精打采，對原來喜歡的事物也會失去興趣，幹什麼都提不起精神，對自己沒有信心，而且會經常為一點細小的過失或缺點後悔不已。憂鬱的人都會給人疲乏倦怠、表情冷漠的感覺。嚴重的就會發展成為憂鬱症。

如何調整自我情緒：

(1)自我行為調適

首先，給自己安排一點簡單的事情，別難為自己，不要強迫自己做能力範圍以外的事情。對於工作上的事情不要搶著全部包辦，從簡單的事情中給自己找到自信。對於已經厭倦的事情，就先停下腳步換個方向，繼續做下去只會加深你的憂鬱。

把生活安排的充實豐富，特別是在工作或學習之餘，做一些運動或者戶外活動，可以逛逛公園或者去郊外走走。找一些自己比較感興趣的活動，這些活動之前也許因為憂鬱讓你覺得沒有意思而已經中止了，但仍然還是要盡力去玩一次，這是你邁出憂鬱的第一步。一旦重新投入到你所放棄的活動中，憂鬱對你的控制就會減弱一些。

安排一些能使你愉快的活動，比如舒舒服服地泡一個澡，或者讀一本你比較喜歡的書，或者吃一頓可口的午餐，女性可以利用美髮、打扮讓自己容光煥發而招來好心情。

(2)保持愉快的心情

性格開朗的人不易患憂鬱症，而性格內向的人往往容易憂鬱。在平時的日常生活中，要注意培養自己遇事不愁、處事不憂、不拘小節的開朗性格。

出現了憂鬱的情況，要積極地面對，不要逃避。經常參加一些團體活動，一個人融入到了團體之中，就會感受到自己不孤單，從而加強自己的動力和信心。

將生活中的美好的事記錄下來，比如記日記，經常翻閱，體會當時的愉快心情。

一些飲食也可以對消除憂鬱有好處，比如說巧克力，因爲含有豐富的苯乙胺，對消除憂鬱、煩悶有好處。

(3)找一個宣洩的窗口

心情苦悶的時候，可以找親朋好友談談心，把自己心頭的積鬱全部傾訴出來，使不良的情緒得以宣洩。

自我獎勵一下，去逛街、購物，或者大吃一頓，使得自己的心情變得愉悅。

Emotion 05

正確面對憂鬱情緒

有好的工作姿態，才能遠離憂鬱。

小張是一家IT公司的銷售人員，最近的工作讓他感到極度鬱悶。由於經濟危機的影響，他的業績已經下滑好幾個月了，不僅獎金拿不到，就連工資也要扣。公司實行淘汰制，員工之間競爭激烈，誰也不想被裁掉。由於壓力太大，小張經常晚上睡不好覺，白天工作也提不起精神，還發生了好幾次的錯誤。

像小張這樣的情況有很多，因爲工作壓力大而自殺的案例也不少。隨著生活節奏的加快，人們都顯得越來越繁忙，尤其是在職場上。激烈的競爭壓力，複雜的人際關係，沉重的工作壓力，使得「職場憂鬱症」越來越多。有資料顯示，約有三十%的人曾出現過如情緒低落、煩躁焦慮、恐慌、壓抑等憂鬱特徵，尤其是在經濟危機加劇的情況下，這種現象更加明顯。這種憂鬱情緒的出現，導致工作心灰意冷，進一步使工作效率下降，一旦惡性循環後，更多挫折便會接踵而來，這時離憂鬱症也就不遠了！

什麼樣的工作容易患有職場憂鬱症呢？由於行業不同，情況也不太一樣，但是一般來講，下面這些工作可能比較容易導致「職場憂鬱症」：

A人際競爭壓力較大，需要定期報告工作情況的，比如銷售和業務人員。

B沒有團隊合作，工作要獨自進行，並且要獨自承擔責任的。

C作息時間不正常的工作，要經常輪班、熬夜的工作。

D.經常變動工作地點，要不斷適應新的環境和同事。

那麼你自己的情況如何呢？如果不太清楚的話，做一下下面的測試，用「是」和「否」來回答下面的問題：

★是否對自己的工作不滿意？

★工作壓力是否太大？

★是否覺得同事不好相處？

★是否覺得上司無法溝通？

★是否覺得工作沒有意義，毫無前途？

★是否對工作沒有興趣？

★是否每天上班前都心情鬱悶，無精打采？

★是否頻繁跳槽？

★是否在工作時間中總覺得很累，即使沒有加班，工作量也不大？

★是否總是害怕自己被解雇？

如果你的回答一半以上爲「是」的話，那麼你要當心了，一定要及時調節自己的情緒，這樣的情況太久，很可能會患上「職場憂鬱症」的。由於職場憂鬱帶來的不僅僅是工作和精神上的損失，還可能會影響到你的身體狀況，很多疾病都是由於心理造成的。

我們怎樣讓自己擁有一個健康的心理，在職場上有一個好的工作姿態，遠離憂鬱呢？下面的是我們給你的一些方法和建議：

(1)少些假想敵

你是不是總在認爲同事在和自己競爭，都在等待時機超越自己？總覺得某些同事在背後批評議論自己？其實你不用總是和「假想敵」較勁，也不要把自己的失敗歸結在同事身上。同事之間無可避免的會存在競爭和利益關係，人們之所以設立「假想敵」，其實是缺乏自信的表現，真正的敵人不是別人，恰恰是自己。其實接受別人比自己優秀的事實並不是很難，只要相信自己。

(2)放慢工作速度

如果你被緊張的工作壓得喘不過氣來，最好立即暫時把工作放下，輕鬆休息一下，可能你會做得更好。合理地安排作息時間，才能使生活、學習、工作都能有規律地進行。畢竟身體是生活的本錢。要儘量擠出時間和家人在一起，讓自己的個人愛好多一些，放鬆自己，享受自己的時間。

(3)做些運動

平時多做運動，能夠讓你由於壓力過大而萎縮的細胞重新活躍起來，幫助你換一種心情去發現自己。在運動中，壓力、煩惱、困惑、焦慮，在不知不覺中一掃而空。

(4)外出旅遊

旅遊一向是種不錯的休閒放鬆方式，不一定要去風景名勝地方，郊外農家鄉下都可以。出遊地方不需要太遠，出遊方式可以是坐公車或騎自行車，出遊不需要有太詳盡的計劃和安排，隨性輕鬆一點就好。

(5)適當的宣洩和傾訴

當你感到憤怒、急躁、煩惱的時候，可以大聲地喊出來或哭出來，向親人朋友傾訴，不要什麼都憋在心裡，在他們的勸慰和開導下，你的不良情緒便會慢慢消失。

Emotion 06

告別「灰色情節」

進入二十一世紀後，憂鬱已列入除癌症之外的第二大疾病。

憂鬱這個「灰色情節」的存在使得天空的顏色都是「灰色」的，心情也都是「灰色」的，世界上沒有了其他的顏色。爲了生活的美好，必須要正確地認識和擺脫憂鬱心理，徹底地向「灰色情節」說bye！bye！

如何擺脫灰色情節：

(1)正確面對現實

很多有「灰色情節」的人都是無法正確地面對自己和現實，覺得和自己心裡有一定的落差，從而使得心情灰暗。也有的人是因爲無法忘記過去曾經發生的事情，總是耿耿於懷，這個時候就要告訴自己，過去畢竟已經過去了，不管是挫折、不幸還是失誤，終究都會像流水一樣消逝，這些經驗也不應該變成你前進的障礙物，如果你把它當成人生的經驗、財富，就會覺得好很多。

憂鬱突然來了，你心裡就要想，痛苦結束後你還是你。千萬不要再給它增加「養分」了，「我多麼慘啊，怎麼在我身邊都會發生這些倒楣的事啊」，每次你這樣一想，壞情緒也就更加願意找上你了。

一旦自己有了憂鬱的傾向，你可以用筆記下「什麼事情容易引起我憂鬱」、「憂鬱時我的心裡是怎麼想的」、「憂鬱對我的危害是怎樣的」，堅持記錄這些內容，你就會感覺到憂鬱的危害，也會發現原來那些引起心情憂鬱的並不是什麼大事，不值得自己爲此影響情緒。

(2)小方法幫助自己提升情緒

有很多好的方法可以幫助自己提升情緒，從而告別陰霾。

★運動提升情緒。研究表示，患憂鬱的人從事散步、跑步和重量訓練等運動，會對憂鬱有改善。從動物研究證明顯示，運動與抗憂鬱劑有類似的效果，能夠改變大腦前皮質和海馬中的神經傳遞素，這些神經傳遞素都與情緒有關，而且運動還能夠影響與壓力有關的神經激素，提高身體對壓力的耐受能力。因此，可以做適當的運動，具體的做法是找到自己喜歡的運動，每週三次，每次二十～六十分鐘，五星期後會有減輕的特徵。

★全神貫注地做一件不需要理性分析的身體運動，這樣可以使得煩惱和憂愁暫時處於關機狀態，比如說彈琴、做菜、跳舞、打球……。也可以清理雜物，將自己的辦公桌或衣櫃好好整理一遍，扔掉多餘的東西，井然有序的感覺讓心情也能輕盈起來。或者也可以找出一些很滑稽搞笑的片子來看，在大笑的過程中讓自己放鬆。

★讓身體先快樂起來。身體的舒適會使得你更容易放鬆，累了就不要再強迫自己工作，睡個好覺，吃頓好飯，練練瑜珈，做做按摩，先讓身體快樂起來。精神漂亮的外形也會給自己帶來愉快自信的感覺，灰頭土臉的自己也難受，做一個漂亮的髮型、買幾件漂亮的衣裳……，讓自己變得賞心悅目。

★做一些善事。當人們感到憂鬱的時候，往往會覺得有一種無能無力的感覺，有些人甚至覺得自己是「廢物」，一無是處。這個時候幫助一下別人，去老人院探望孤獨的老人、照顧生病的小孩……，發現自己的價值。

★吃一些富含維生素D的食物。荷蘭一項研究顯示，在老年人中，維生素D缺乏與憂鬱有一定的關聯，所以可以多吃一些富含維生素D的食物，比如說動物肝臟、蛋黃、還有含脂肪較多的魚和魚卵等。

★擴大喜悅。一件事情如果做成功了，比如辛苦做的case被老闆採納了，就將這種開心擴大開來，自己獎賞一下自己，買一點禮物給家人，讓大家都爲你感到開心，同時自己又從別的方面感到了幸福。

(3)爲未來做一些準備

很多患有憂鬱的人，都看不到未來，不知道希望在哪裡。對未來的擔憂和恐懼，或者急切希望自己的目標能夠達到可是現在又達不到，都會給自己增加負面的情緒。如果一個人人內心深處不相信自己會擁有一個更好的未來，就會感到不安全和壓力，從而也就沒有動力。

不要被動地等待「未來」的發生，所有的未來都是在現在的基礎上建立起來的，要把握住現在才是關鍵。比如對於現在來講，經濟危機下，如果你還有工作，只是遭到了減薪，就要把手頭工作做得更好些，累積更強的職場競爭力。如果你不幸失業了，這個時候也是投資自己的好時機，進修一下未來有用的課程……。不論做什麼，都比坐以待斃怨天尤人強。

01 憂鬱症及其治療

Emotion 01

臨床上所說的憂鬱症不僅是「情緒沮喪」，而是一種醫學疾病，它一時的情緒低落，而可能會持續幾個星期、幾個月，甚至幾年的時間，具有破壞性的效果。

每一個人在生活當中都感到過哀傷，沮喪，悲觀甚至是絕望，在遇到悲傷的事件時，感到憂鬱是正常的情形，只要在遇到令我們感覺到悲哀的生活事件後能夠儘快地從憂鬱狀態中走出來，生活就不會受到過度的困擾。可是，當憂鬱達到很嚴重的程度，嚴重影響到了正常生活，就是我們所說的憂鬱症了。

那麼，什麼是憂鬱症呢？憂鬱症是一組以持久性的（兩周以上）心情低落爲主伴有相應的思維和行爲障礙。在全世界，有三點四億憂鬱症的患者，在全世界的十大疾病中，憂鬱症排到第五位，預計到二〇二〇年，它將躍升到第二位。

它的症狀主要有以下這些方面：

——情緒低落。
——快樂明顯減少。
——食欲明顯下降，體重至少減輕五％。
——睡眠障礙。
——易被激怒或情緒鬱悶。
——精力不佳，每天疲憊不堪。
——無價值感，缺乏信心，有罪惡感。
——注意力難以集中。
——常想到死或自殺。

到目前爲止，人們還沒有完全弄清憂鬱症的發病原因到底是什麼。專業人士認爲憂鬱症是一個綜合症狀，就像發燒一樣，各種原因都可能引起。其中主要是不良的社會性和心理性因素。煩惱、幸福、悲痛、舒暢、焦慮等，這一切維持或破壞人的正常生理功能的情緒都與社會、婚姻、家庭、身體狀況、人際關係、經濟條件、學業、事業成敗息息相關等，嚴重的精神創傷或不愉快的體驗都可能會成爲引發憂鬱症的心理因素。

憂鬱症是一種精神疾病，但絕不是「精神病」，很多人對憂鬱症沒有正確的看法，

「談憂鬱而色變」，這是完全沒有必要的。

實際上，憂鬱症是每個人都可能得的心理疾病，與感冒沒有任何區別，它只是一種普通的疾病，神經衰弱基本上就是憂鬱症，人們可以說出自己得了神經衰弱，卻不一定會告訴別人自己得了憂鬱症。

(1)憂鬱症是可以治好的

這一點非常重要，因爲憂鬱症患者由於帶上了有色眼鏡，常常悲觀絕望，甚至企圖殺死自己。其實，這是不理性狀態下的不理性想法，所有治好的人回頭想想自己原來的感覺，都會覺得好笑。所以，如果你憂鬱了，就告訴自己，我的情緒感冒了，我的情緒現在正在發燒，還會打噴嚏，現在很痛苦，但只要吃點藥就會好的。

(2)憂鬱症的心理治療

★嘗試著多與人們接觸和交往，不要自己獨來獨往。

★儘量多參加一些活動，嘗試著做一些輕鬆的活動，看看電影、電視或聽聽音樂等。可以參加不同形式和內容的社交活動，如演講、參觀、訪問等，但不要太多。

★不要急躁，對自己的病不要著急，治病需要時間。

★病人在沒有與對自己的實際情況十分瞭解的人商量之前，不要做出重大的決定，如調換工作、結婚或離婚等。

★重建生命的價值，加入一些公益性的志工活動，或者由其生活中比較重要的朋友或家人傳達他存在的價值感。

(3)謹慎使用藥物

一些憂鬱病人喜歡喝大量的咖啡，有時一天超過十杯，馬上戒掉它吧，即使是這樣很弱的興奮劑都有提高憂鬱或焦慮症狀的副作用。偶爾服用鎮靜劑是有好處的，但如果你是長期使用，就應當考慮緩慢減少服用量，直到戒掉。

心理專家認爲：「憂鬱症患者好了的話，會更懂得人情，更明白事理，更加成熟」。患者在病中時時刻刻地在消極地觀察自己，病癒後，就會用積極觀察自己，當再次面對人生道路上的困難和挫折時，便會覺得沒有什麼障礙了，有了抗憂鬱症的「免疫力」，會比之前更有面對困難的勇氣，這也許就是憂鬱症的積極作用吧。

08 失眠症的治療

Emotion

長期以來憂鬱症和失眠是一對分不開的兄弟，憂鬱症往往會導致失眠。

一旦出現失眠，又會加劇憂鬱的傾向。然而醫生們注意到，即使憂鬱症被治好後失眠卻還在繼續。

新的理論是：失眠是導致憂鬱症或者是患有憂鬱症的前兆。一項研究發現，一組相似患有一期憂鬱症的患者同時患有「中度失眠」，即在一個晚上會醒來幾次然後再進入睡眠。當然，在某種時段這種現象會發生在任何人身上，每個人在壓力下都會有一點這種狀況。

什麼叫做失眠呢？

一般來說睡眠障礙是唯一的症狀，其他症狀均繼發於失眠，包括難以入睡、睡眠不深、易醒、多夢、早醒、醒後不易再睡，醒後感到不適、疲乏或白天困倦。

失眠是一件很痛苦的事情，除了聽從醫生的一些建議爲，也有一些好的方法。

治療失眠小叮嚀：

(1)找出失眠的原因

睡眠是人類與生俱來的本能，而且經過適當的睡眠後，往往可以恢復適當的精神與活力，繼續完成工作。然而這種規律性的本能機制爲什麼會受到了破壞和干擾？原因很多，可能是精神壓力、生理疾病，也可能是生活規律被打破了。在這種情況下，要找到造成自己失眠的源頭，才好「對症下藥」。

比如說人們通常在遭遇到重大的事件時，心理會不自覺的產生壓力，這些壓力會造成失眠，那麼把這些壓力解除了，睡眠自然就會恢復正常。

另外，失眠症患者很多都是與本身個性有關，如：完美主義、吹毛求疵、好強求勝等，患者常常會爲了一件小事而過度緊張、擔憂，而且對細節太過堅持，因此，有失眠的患者應該學習樂觀、開朗的人生觀，否則還是無法擺脫失眠的糾纏。

(2)處理失眠的一些措施

基本上，要擺脫失眠，重要的還是要靠自己，除了心理疏導以外，採取有效的措施，就可以克服在平常比較常見的睡眠障礙。

對於失眠來說，三餐定時、生活規律及適當的運動，是有效預防失眠的不二法門。生活作息要正常，包括睡眠、工作和清醒的時間儘量固定。養成白天至少運動三十分鐘以上的習慣，平常運動要有規律，身體上的疲勞也有助於睡眠。另外，對睡眠環境也要做好準備，找到適合自己睡眠的環境，包括臥室的聲音、光線、溫度、寢具選擇等。睡覺前可以喝一杯牛奶，泡個熱水澡放鬆一下自己，也有助於睡眠。必要時可以遵照醫生建議，服用睡前的藥物，但一定要慎用。

還有一些事儘量不要做的，睡前不要大吃大喝，不要做劇烈的運動，避免下午服用含咖啡因、酒精的飲料，減少香煙的用量及減少飯後大量飲水的習慣。

另外，對於失眠患者來說，要瞭解睡眠是無法強求的，所以不要操之過急，越著急越不容易睡著，保持平靜的心態自然可爲之。

學習「活在當下」的精神，只管目前的睡眠，今天未完成的事情，或者明天擔憂的事情，都拋到一邊，先睡著再說。

告訴自己「昨天失眠，不代表今天還會失眠」，否則會讓思維形成慣性。如果真的失眠，第二天千萬不要在白天補眠，頂多午飯後小睡三十分鐘到一小時，防止白天睡得多晚上又睡不著了，形成惡性循環。

(3)爲自己做個睡眠日誌

想要瞭解自己的睡眠狀況，研究自己到底是否真的失眠，可以填寫睡眠日誌，將自己每天睡眠的情況記錄下來，根據回想當時的心情仔細填寫，瞭解自己的情況。如果需要到醫院就診時，也可以交給醫生進行分析，便於對你進行正確的診斷。

Chapter 03

生氣從來都不會沒有原因

但沒有一個是好原因

不要被憤怒控制了自己，讓憤怒之火毀了你。

09 別讓憤怒打敗了自己

Emotion

快速的生活節奏和工作壓力的增大，使得憤怒越來越多地出現在我們的身邊。

伴隨著社會的高速發展，人和人之間的衝突也越來越多，一個人生氣的對象不再局限在身邊，也不再局限在親戚朋友中。如今有了網路，兩個從未謀面的人也可能會發生激烈的言語爭執，千里之外的某件事也可能讓我們火冒三丈、怒氣難消。我們得到了更多的資訊，我們也得到更多的負面刺激；我們有了更多樣化的交往，但我們也有了更多的生氣對象。

先看下面的例子：

場景一：家長在盛怒下與孩子衝突。

場景二：老師在激怒下不當體罰學生。

場景三：上班路上交通堵塞，司機憤怒之下與人大打出手。

場景四：夫妻吵架，丈夫一怒之下把妻子打傷。

這樣的情景我們在生活中能夠看到很多，人在憤怒之下，往往會做出失控之舉，等出事之後又後悔莫及。

做一下下面的測試，看看你是不是一個容易憤怒的人：

在過去的一個星期裡，你一般有幾次感到不悅、生氣或憤怒的時候？

A一次也沒有

B一週一兩次

C一週三到五次

D每天一到兩次

E每天三次

F每天四到五次

G每天六到十次

H每天超過十次

不要只考慮你勃然大怒的時候，只要你感到生氣，不管多輕微，都要計算在內。如果你的回答是A、B或者C，那你的憤怒就處在一個健康的範圍內。但如果你的回答是

D、E、F、G或者H，那麼你的憤怒就存在過度的問題，就需要控制了。

專家將憤怒分成如下的四種類型：

★憤怒類型一：爆發型

有很多人是火爆脾氣，一遇不順心的事，腎上腺素會突然上升，導致憤怒突然爆發，更不用說有更糟糕的事情惹他生氣。

★憤怒類型二：嘲弄型

有部分人習慣性的嘲弄對方，在嘲弄的時候，如果對方生氣了，則會認爲這是他們自己的問題，而不是自己的錯。

★憤怒類型三：破壞型

這類人生活的目的是不讓別人得到他們想要的東西，而不是努力爭取讓自己得到幸福。這種破壞型憤怒帶來的結果就是：雙輸。

★憤怒類型四：習慣型

這種類型的人的表現是直接的、習慣性的憤怒，爲了一點小事情不如意就會反射性的開始生氣，這樣往往會令家人、同事、朋友需要承擔很大的心理壓力，或者他們會選擇離得遠遠的。

憤怒不但給別人帶來傷害，把事情弄糟，同時也有損自己的健康，有的時候還可能造成更嚴重的後果。

老楊他是個很愛生氣的人，第一次心臟病發作的時候，他看到以前的一位「仇人」，從街對面走過來，結果一下子就雙手抓著胸口摔倒在地。之後他並沒有聽從醫生的勸告，仍然過著這種怨天尤人的生活。他第二次心臟病發作的時候，醫生家人朋友都勸告他：「別再這麼生氣了，不然你會死的」。這次他知道了問題的嚴重性，可是還是控制不住自己，終於當他又一次對著電話怒氣沖沖地大喊大叫的時候，第三次心臟病又發作，這也是最後一次發作了。

還有《三國演義》中的周瑜，他的死因，也說明了憤怒的情緒如果不加以合理控制是非常可怕的。所以要想把事情做好，請千萬不要讓憤怒打敗了你。學會控制憤怒，對別人，對自己，對事情都是大有好處的。

10 衝動是魔鬼

Emotion 10

衝動的人，經常遇事不經大腦就魯莽行事，結果只會讓事情變得更糟糕，而且往往事後都會很後悔。

小梅元旦從外地旅遊回來，一進門就發現家裡非常的亂，桌子上還堆放著一些剩菜和酒瓶，很明顯丈夫趁著自己不在家和自己的那群「酒肉朋友」在家裡喝酒狂歡。一推臥室門，丈夫還在床上呼呼大睡。

小梅本來就反對丈夫喝酒，再加上他的那群朋友有些人品行不好，她也不願意讓他總和他們來往。這下，小梅急了，她把丈夫叫醒，就開始對他開火，從他不愛乾淨到薪水少，口不擇言什麼都說了，一開始丈夫還不太吭聲，後來開始還擊，兩人開始無情地攻擊對方，最後提到了離婚。

人在日常生活中經常會因為各式各樣的原因造成一些衝動的表現，一句不中聽的話，一件違背自己意願的事，一次口角，在憤怒的過程中都可能使得衝動在瞬間爆發，甚至招來不可挽回的後果。衝動殺人的案件多不勝數。

就像小梅，吵完之後冷靜下來，想到了丈夫對自己的好，後悔當時自己說了那麼絕情的話，傷害了丈夫的尊嚴。再比如有人在盛怒之下一衝動遞出辭呈，等怒氣消後，才想起還有家要養，對未來也沒有規劃好，這時才後悔已經太晚了。

所以說衝動是魔鬼一點也沒錯。

如何克制衝動：

(1)離開使你衝動的現場，直到自己可以冷靜下來

當自己不自覺地想要發火的時候，立刻強迫自己和被挑起戰火的對方保持距離。可以委婉地說「我想我需要靜一靜，我離開一會再回來」，或者說「恕我失陪一下，等我理清了思路再回來跟你談」。

對於家人或者朋友，比如說夫妻，當你們開始意見不合的時候，你可以說「我現在不能跟你談，我們明天再說會更好」或「我們倆都好好冷靜一下，再想想」

很多事情都不是要急迫到連一兩個鐘頭都等不及的，離開讓自己衝動的環境，去外面讓風吹一下，做些別的事情分散注意力，冷靜下來再思考，千萬不要莽撞行事。

盛怒之下，在心裡默數到十，平穩自己的情緒。這招很有效。根據分析，實際上一

個人憤怒的情緒最多能持續十分鐘左右，除非有人再次把你激怒，否則十分鐘後，你就可以平靜下來了。找些事情轉移一下自己的注意力。

(2)問問自己怎麼做，並想一下後果會怎樣

事情發生了，先做個結果預覽表，詳細地想一下自己衝動行事會招致哪些可能的後果。例如「我可能被同事孤立」或「可能失去工作」，預想這些結果，就不會衝動妄爲了。也可以檢討一下自己原來的一些衝動行爲給自己造成的損失，然後告誡自己不能再讓這種情況重演了。

在情緒冷靜下來之後，思考有沒有更好的解決方法。遇到衝突的時候，問問自己：衝突的主要原因是什麼？雙方的分歧是什麼？解決問題的方式可能有哪些？哪些解決方式雙方都能接受？找出來然後開始行動。

(3)找一些安全的方式宣洩憤怒

如果實在是怒不可遏，就找一些安全的方式宣洩一下。比如寫一封信給自己，把所有自己憤怒的情緒寫下來，在寫的過程中，心情就會慢慢地平復下來。

(4)做一個理智的人

一個理智的人，在遇到麻煩的事情時，他會冷靜地思考，極力地尋找最佳的解決途

徑，所以我們無論在做什麼事情的時候，都要告訴自己去理智，包容別人，理解別人，當別人對你的言語不敬的時候，想想也許他今天可能碰到了什麼不順心的事情。

用理智約束衝動，使得衝動少一點，後悔少一點。

平時也可以做一些針對性的練習，比如針對自己魯莽的個性做一些需要靜心、耐心和細心的事情，比如練字、繪畫、製作精細的手工藝品等。

11 給憤怒潑點冷水

Emotion 11

人要是發脾氣，就等於在人類進步的階梯上倒退了一步。

在人的各種情感中，憤怒往往比別的情緒更激烈、更具有破壞性。偶爾的憤怒不是一件壞事，因爲在生活中不可避免的總會遇到一些讓人憤怒的事。然而，過度的憤怒會對一個人產生巨大的負面影響，它會影響一個人的身體健康，也會影響你的工作和生活，給自己和別人都帶來傷害，憤怒的潮水會將你所希望的幸福和快樂全部淹沒掉，讓你後悔不及。

所以，不要讓憤怒的情緒控制了你，在生活中，每當你發脾氣、或在憤怒的情緒下工作時，你應該分析所有使你憤怒的原因，然後避免使自己暴露於那些痛苦之下。憤怒的情緒是你自己所引發的，如果你放任自己於憤怒的情緒中，很可能會更使對方感到憤怒、生氣。

所以既然憤怒不可避免，我們要做的不是壓抑憤怒，而是找到引發自己憤怒的情緒，及時的給憤怒潑點冷水。

事實證明，人在憤怒和冷靜的情況下對同一件事的做法截然相反，事情的結果也完全不同。

從上面的說明中我們可以看出，人在憤怒和冷靜時，做出的反應是多麼的不同。人在發怒的時候，很容易失去理智，會讓周圍的人覺得你很不可理喻，如果你是一個公司的領導者，盛怒之下容易造成決策的失誤，那樣損失就會更大了。但是，怎樣才能在憤怒的時候讓自己冷靜下來呢？

(1)發火之前先等等

古語說得好「當斷不斷，必受其患」，當你感到生氣的時候，你要做的第一件事就是立即採取措施，把不滿說出來，否則的話，就很可能情緒失控，進而發生爭吵與衝突。如果在開始生氣的時候並沒有立即採取措施，往往很快就會由輕微的不悅發展到暴怒。要發火之前稍等一下，往往就因爲這麼一等，一場巨大的衝突就避免了。不妨試一試在發火之前倒數計時一分鐘，自己心裡默數六十秒後再發火，你會發現可能數到三四十的時候你的火就發不起來了。

(2)放鬆一下，冷靜下來

生氣的時候，比如深呼吸，默念「放鬆」、「別緊張」等，能助你減弱憤怒，如果你和你的同事朋友都是火爆脾氣，那麼學習這些放鬆的方法是很重要的。這些方法能幫助你冷靜下來。

而在憤怒中的人傾向於迅速得出結論並按此結論做事，而有些結論又往往是不正確的。如果你處於一個激烈的爭吵中，你要做的第一件事就是冷靜並仔細思考你的反應。不要說出最先出現在你腦子裡的想法，而是要冷靜地思考你到底想說什麼。同時，仔細地聽別人在說些什麼，然後再考慮如何回答。

(3)換種思維方式

當你憤怒時，你的思維通常具有攻擊性。試試用更理智的想法去替代這些衝動的想法。例如，不要對自己說，「氣死我了」，告誡自己憤怒是於事無補的，它不但不會讓你覺得好受些，只可能使你感覺更差，而且會把事情變得更糟糕。冷靜下來，在心裡告訴自己世界不是「與自己作對」，你只不過是在經歷生活中的不愉快。

(4)換個角度解決問題

憤怒的時候，換到對方的角度去思考問題，有時會讓你馬上消除怒氣，這樣更容易找到原因，只要找到原因問題就比較好解決了。當然，不要找那些不是原因的原因，比如這個人是笨蛋之類的。

12 不要做無謂的衝突

Emotion 12

憤怒使別人遭殃，但受害最大的是自己。

有一天，兩個少年在一旁爭吵起來，瘦子說：「三五十五」，而胖子卻說：「三五十四」，兩人爲此爭吵不休，便找來了孔子，做個公斷，並以一天的食物作爲賭注，孔子問清楚來龍去脈後，就讓瘦子把食物給了胖子，胖子很高興的拿著食物走了，瘦子很氣憤的對孔子說「明明是三五十五，爲什麼你非要說他對呢？」孔子卻微笑著對瘦子說「你說的沒錯，三五等於十五，這連小孩子都懂得的真理，你堅持真理就行了，幹嘛還要與一個根本不值得認真對待的人討論這種不用討論也再明顯不過的問題呢？雖然他這次得到了食物，但他卻得到了一生的糊塗。」瘦子恍然大悟。

現實生活中，很多情況都是這樣的。當出現衝突的時候，人們都是在想著積極地「迎戰」，卻不去想這件事爭論到結束，就算是自己得勝的話，對自己又有多大的意義，甚至還浪費了很多時間，同時影響到了自己的心情。還有可能讓自己失去機會。

一位年輕人去應聘一個職位，面試的時候發揮得很好，老闆對他十分滿意。他在走出辦公室的時候，不小心碰到了一名老員工的咖啡，他趕緊說：「對不起」，但是這名員工卻得理不饒人，說他「走路怎麼不長眼睛」這名年輕人也是年輕氣盛，他認爲自己已經爲自己的不小心的過錯道過歉了，他就應該諒解。這名老員工在公司的時間比較長，人很傲慢，老闆也是念在他是創立公司的老員工之一，一直都很遷就他，可是這名年輕人不知道這個事情，兩個人就開始爭吵起來。要不是老闆及時出來制止，兩個人差點動起手來。

等打發走了老員工，老闆對年輕人說：「你完全可以沒必要跟他吵，心平氣和地談他最多是說兩句，本來幾分鐘就能解決的事情，你卻在這裡浪費了大概三十分鐘的時間跟他爭執。很遺憾，我不能把你留下來，因爲你對於這樣無謂的衝突都表現的斤斤計較，在工作過程中就很難和同事們好好的相處，也很難將自己的精力都投入到工作中去。」這名年輕人聽後，懊悔不已。

美國著名的精神病學專家雷德福•威廉斯，向自己的病人建議，在你感到自己就要發脾氣之前，一定要向自己提三個問題：

1. 這件事是否很重要？

2. 我的反應是否恰當？

3. 情況是否會有所改變？

如果能夠認真地回答這三個問題，那麼就會減少很多無謂的衝突。當然這也能讓你辨別是否真的應該發一發脾氣。

雷德福・威廉斯就是用這種方法來規範自己的生活的。一次，他與幾個醫生一起開會，當他陳述完自己的某個觀點之後，一個醫生輕蔑地評價其爲「荒謬可笑」，這讓威廉斯很生氣。他並沒有馬上還擊，而是用了自己的方法：

「這件事是否很重要？」他自答道：是的，這是我辛苦完成的研究成果，它是心血的結晶，任何人不能說成是「荒謬可笑」。

「我做出這樣的反應是否恰當？」他回答：是的，我在維護自己的尊嚴，即使到了法庭上，法官也會認爲我的生氣是合情合理的。

最後，他問自己：「情況能否會因此有所改變？」他回答道：「是的，我必須讓這個人意識到自己不尊重別人的做法是錯誤的，否則他對別人的態度還是如此傲慢。而我的研究成果將會被更多的人認可。」

進行了這一系列的思索之後，威廉斯對剛才那個說他的醫生說：「對不起，先生，請你不要用『荒謬可笑』來評價我的成果。」那位醫生隨即也向他表示了道歉。

日常生活中，像排隊、堵車、遲到這樣讓人氣惱的事情，可能每天都會碰到，這個時候如果起了衝突，不僅耽誤時間，還影響到自己一天的心情，不如平靜地去面對，無謂的衝突毫無意義。

13 凡事不要斤斤計較

Emotion 13

我們每一個生活在這個世界上的人，都不可能不犯任何錯誤，如果什麼事都斤斤計較，那肯定就有生不完的氣。

古希臘數學家畢達哥拉斯有一句話「憤怒以愚蠢開始，以後悔告終。」，如果我們不想在事後後悔，我們就要學會寬容，不要斤斤計較，在寬容別人，也寬容自己。

三國時期的蜀國，諸葛亮去世後，蔣琬主持朝政。蔣琬的屬下有個叫楊戲的，性格孤僻，訥於言語。每次蔣琬與他說話，他也是只應不答。有人看不慣，在蔣琬面前說：「楊戲這人對您如此怠慢，太不像話了！」蔣琬坦然一笑，說：「人嘛，都有各自的脾氣個性。讓楊戲當面說讚揚我的話，那可不是他的本性；讓他當著眾人的面說我的不是，他會覺得我下不來台。所以，他只好不作聲了。其實，這正是他為人的可貴之處。」

後來，有人稱讚蔣琬是「宰相肚裡能撐船」。直到今天，這句話仍是我們表示寬容的時候最常用的。

所謂不斤斤計較，就是事情已經發生了，過去了就算了。俗話說「退一步海闊天空」，每個人都會犯錯誤，如果對別人過去的錯誤抓住不放，不但別人難受，自己也會痛苦。可是也有不少人認爲，寬容犯錯的人就是怯懦的表現，就是向別人認輸。如果抱著這樣的想法，衝突只會加劇，雙方誰也不退一步，都憤怒不已，最終只會兩敗俱傷。

(1)人無完人

無論是誰都會有一些缺點，我們在和別人相處時，難免會對別人的某些不足之處不滿，如果什麼事都斤斤計較，必定會影響朋友、同事之間的關係。一個不懂得寬容而凡事斤斤計較的人只會使自己陷入孤獨和無助之中，而沒有真正的朋友。

(2)有容乃大

寬容雖然不是什麼大道理，但要做到真正的寬容並非是易事。生活中我們常常看到這樣的例子：你瞪了我一眼我就得還你一拳；你踩了我一腳我就得踢你兩下；你升遷得快我就看你不順眼；你罵了我一句我要還回三句。人與人之間的這些衝突，如果能夠有寬容的度量去諒解別人，就可以使雙方的衝突得到緩和；反之，爲了芝麻點大的小事，相互之間也會斤斤計較，爭吵不休，不但對於解決問題毫無幫助，而且只會讓自己心情不快。

「以牙還牙」決不可作爲我們行事的準則，那樣只會將自己置於仇恨的惡性循環之中，不可自拔。

(3)吃點虧不要緊

生活中總是有這樣的人，斤斤計較自己的得失，爲了一點兒小小的利益就與同事、朋友爭破頭皮，從來不肯吃一點兒小虧，總想著因爲自己的「聰明」而獲利。在「利」字當頭的思想下，什麼虧都不能吃，什麼便宜都想占，工作挑輕鬆的做，待遇卻想要更高，看別人時帶著顯微鏡高標準、嚴格要求，對自己就總是網開一面。

其實，吃點虧又有什麼關係呢？這並不會使自己損失多大，卻能夠和眾人和睦相處，否則的話雙方都要爭出勝負，只會造成兩敗俱傷。

(4)對事不對人

別人做錯了事你感到很憤怒這也很正常，但是千萬記得：要對錯了的事情憤怒，不要對造成這件事的人憤怒。因爲如果一個人一直沉浸在對別人的憤怒中，整天都想著那個得罪自己的人，那麼必定會影響到自己的情緒，甚至影響自己的健康。如果對事情憤怒，就可以對自己說，事情已經發生過了，就讓它過去吧，設身處地爲別人想一想，再難以接受的事情都可以解決。

(5)微笑是最好的方式

所謂一笑解恩仇，笑容是寬容對方最好的也是最直接的表達方式，一個簡單的笑容，就可以代替所有的言語，將一切衝突化解。所有的不愉快都不是平白無故發生的，人和人在相處之中總會有摩擦，一心想著「復仇」，只不過是想讓做錯事的人也感受到痛苦和不幸。這樣只會讓我們變得心胸狹窄，對別人失去信任，讓我們的生活裡沒有了快樂。

嘗試著多對自己笑，多對別人笑，不要讓自己背負太重的負擔，學會用微笑來化解一切不愉快，消除所有的憤怒。

11 想，教你練習不生氣

Chapter

04 孤獨是

人們習慣了對人猜疑，習慣了將自己封閉起來，孤獨正在城市裡悄悄地蔓延。

城市的流行病

14 不要以自我為中心

Emotion 14

在傾聽別人談話的過程中，不要隨意打斷，更不要藉機把話題引導到自己身上，任意地加入自己的觀點做出評論和表態都是不尊重對方的行為。

也許你性格開朗，也許你總是很活躍地參加同事的活動，也許你覺得自己不是孤獨的人，但是現實是大家一開始被你的開朗所吸引，可是卻慢慢地疏遠你，甚至開始孤立你。你百思不得其解。這個時候你就要從自己的身上找找原因，也許是自身性格的某些缺點使得大家對你敬而遠之，比如說你是不是經常以自我爲中心。

阿澤一年前碩士畢業後應聘到一家廣告公司做設計人員。初入職場的時候，他對工作認真負責，勤勞肯幹，開朗的性格也使得辦公室裡總是笑聲不斷，還安排了幾次同事一起的活動，老闆也覺得這個年輕人很有活力。

但是阿澤仗著自己有著高學歷和不凡的才華，做事總好以自我爲中心，很少考慮別人的感受。同事們也發現，在大家聊天的時候，他總是自己一直在說，不給別人發言的機會，安排活動的時候，也都是他說了算。

一次，他精心擬定了一個廣告創意方案，受到了客戶的欣賞，在總結的時候，他一味地提到自己的努力，卻對一同出力的同事絲毫不提，這讓大家感到很不滿。

他尋求別人幫忙的時候，不管別人在幹什麼，都要停下來幫他，而當別人尋求他幫助的時候，他卻總是先考慮自己的情況。

……

久而久之，同事們都漸漸和他疏遠，連去餐廳吃飯也沒有人願意和他坐在一起。

每個人都不是聖人，當處事或者遇事的時候，都會先從自己的角度考慮，但是過度只考慮自己就不對了。不管自己有多大的能力，也不要以此為中心，產生優越感，不替他人著想和考慮，讓人以為你自私、冷漠，最終弄到「眾叛親離」的境地。

問問自己是不是有這樣的問題：是否我總想辦法成為人群的焦點？是否我覺得自己比別人都強？是否別人的意見我從來不聽？是否我總是希望別人能夠聽我的？……。如果這些問題在你身上出現的話，那麼你要趕緊修正了。

如何能夠不以自我為中心呢？

(1)學會傾聽

當別人在說話的時候，多學會傾聽。從別人的話語中，也可以找到自己有用的資訊。

在傾聽的過程中要表示出誠意，不要表現出不耐煩來，這比不聽別人說話還惡劣，如果自己實在有別的事情就客氣地提出來吧。對別人的說法自己不認同時，也不要馬上打斷，而是耐心聽完後再委婉地表達出自己的意思。

談話者往往是希望自己的經歷受到理解和支持，所以在談話過程中加入一些簡短的語言，比如「是這樣」、「對」等候點頭微笑表示理解，眼睛要與談話者的眼睛進行溝通，讓他知道你是在認真傾聽。

(2)多站在對方角度考慮

當一項事情在進行的時候，要多替對方考慮一下，要徵求大家的意見。比如說要安排活動，那麼先問問大家有什麼點子，集體討論出來的結果往往比個人獨斷專行更讓大家接受。

不要輕易地否定別人的意見，也許別人想到的正是自己忽略的。說話做事的時候，儘量避免用「我」字開頭，而學會用「我們」。給別人表現自己的機會。

(3)看到別人做的事情

當完成一項工作的時候，不要總是想著這件事情我出了多少力，我耗費了多少心血，也要看到其他人的努力，看到他們在這件事情中所起的作用，不要把功勞完全攬到自己身上，這樣的話，大家才更願意幫助你。

而對工作過程中別人提出的建議更要認真聽取，並表示感謝。

⑷虛心接受別人的意見

當有人好心地給你提出意見的時候，不管他的語氣如何，也要虛心地聽完，然後看看自己是不是真的做錯了。千萬不要跟人家說「這就是我的個性，認不認同隨便你」。個性也要以大家接受爲前提。

15 想辦法成為受歡迎者

Emotion 15

孤獨在很大程度上是社會交際太少，有的人可能會説：我也想多結交些朋友，可是我總是覺得別人都不大喜歡我。

沒錯，做一個受歡迎的人是很多人的願望，但怎樣達到這一目標，卻是讓許多人感到苦惱的事情。有的時候覺得自己已經做的很好了，可是別人卻無動於衷。

怎麼樣才能成爲一個受歡迎的人呢?或許下面的建議可以幫助你：

(1)初次見面，讓別人記住你是誰

對於初次見面的兩個人，怎麼樣給對方留下深刻的印象是很重要的。和別人見面時的自我介紹，一定要面帶微笑，清楚的告訴對方你的名字。重要的一點不但要使對方記住自己的名字，同時也必須牢記對方的名字。如果你沒記清楚的話，不但會讓對方感到失望，而且也是一件很不禮貌的事。

實際上，有很多自我中心的人對這點很不在意。如果初次相識的人，你能記住他的名字，電話，愛好等，對方一定會覺得你很重視他，而感到愉快。

(2)禮貌是有修養的表現

在社交場合，使用一些敬語是必須的。請別人替你服務時，要加上「請」或者「謝謝」；前面有人擋住你的去路，客氣地說：「先生，對不起，麻煩您讓一下路好嗎？」對方一定會馬上讓開，面帶笑容地讓你過去；在人很擠的公共汽車上，你不小心踩了別人一腳，自然地向對方道歉，那對方就是再痛，也只是苦笑著說：「沒關係！」只要養成習慣，對別人存有尊重之念，禮貌就會很自然地流露出來。

(3)不要太過貶低自己

國人都認爲謙虛是美德，但是記得千萬不要太過火。習慣性的謙遜反而讓人覺得你是個不思進取的人。有些人喜歡把自己貶得很低，比如說：「我不過是個可憐的工人而已」，「我這個人什麼也不行」，偶爾這麼說說無所謂，但久而久之就會成爲習慣性的說法。或許一開始對方不是很在意，但如果每次見面聽到的都是這種腔調，就會逐漸覺得和這種人很沒什麼意思。更嚴重的是，對方會認爲你不是謙虛，而是真正什麼也沒有，什麼也不行。

貶低自己，不僅對自己毫無益處，反而會讓對方對你沒有好感。

(4)學會讚賞別人

無論如何，人總是喜歡被別人讚美的，有時明知對方講的是奉承話，心中還是免不了會沾沾自喜。一個人受到別人誇讚，絕不會覺得厭惡，除非對方說得太離譜了。但是讚美的話一定要得體。讚美別人重要的是要有一份誠摯的心意，如果有口無心，說話態度輕率，不但不會讓人高興，反而產生不快；另外不要講出與事實相差十萬八千里的話。例如，你看到一位流著鼻涕而表情呆滯的孩子時，你卻對他的母親說：「妳的小孩看起來很聰明！」對方的感受會如何呢？只會讓人聽起來是個很大的諷刺。

(5)不要老是批評別人

在日常生活裡，可能常常會覺得某個人很無聊，很沒有品味，當你和人聊天時，提到某個人不怎麼樣，對方雖未必會反駁你，但實際上卻會認爲你很自以爲是，老是以說別人壞話來提高自己，會覺得你缺乏寬容的心胸，會對你不信任，怕自己也會被批評一番。任何人都有優、缺點，與其批評別人的短處，不如提出對方的優點，給予適當的肯定。

帶著先入爲主的偏見去評斷別人，只會越走越偏，讓別人都漸漸疏遠你，畢竟有許多人是無法用自己的標準來衡量的。

(6)嚴以待己，寬以待人

受歡迎的人永遠是「嚴以待己，寬以待人」的。事實上，任何人均難免有缺點或過失，自以爲是的人總是看到別人的缺點，並不斷的批評別人，卻從來看不到自己。別人犯錯的時候很苛刻，輪到自己時，只說一句「沒什麼關係」。這樣的人只會是讓人討厭的對象。

16 敞開心胸融入團體中

Emotion 16

如果你總是在聽別人說，而大家卻對你一無所知，就會不願意再跟你說了，因為別人會有種不對等的感覺。

小萍是個很漂亮的女孩，在國中的時候，她和一個朋友關係很好，兩個人一起上學、下學、一起做功課，有一天她無意間聽到那個朋友在對別人說：「你不知道小萍有多麼的驕傲，總覺得自己長得比別人漂亮就好像比別人都強一樣，跟她在一起明明不喜歡她還要假裝跟她很好，要不是因爲她功課好可以幫我，我早就不理她了！」

小萍聽到這個話以後很傷心，覺得人心真是難測，人們的表現和自己心裡所想是不一樣的。從此以後，她對所有人都關閉了心門。一直以來也沒有什麼知心的朋友。後來，進入了職場工作，大家看到新人來，都很熱情，可是小萍卻覺得每個人都不是真誠的：對面的男子是不是對我有什麼企圖？隔壁的張姐問我家裡狀況不就是在誇耀她的家庭條件比我好嗎？跟我一起進公司的那個女孩子想要幫我列印檔案，會不會動手腳啊，畢竟我們倆現在都想表現自己……。

因爲對所有的人都採取懷疑的態度，小萍在對任何人說話的時候都懷有戒心，大家都覺得她說話總是藏一半，也就沒有人願意和她交往了。直到有一天，小萍要趕一份工作，她還是只想要靠自己，但是無論如何也做不完，想起找同事幫忙，大家卻都藉口有事。深夜裡，小萍還在忙碌，突然意識到了自己的錯誤。經過了心理專家的治療，小萍才明白了用心溝通、敞開心胸接受別人的重要性。

很多人都有著小萍這樣的想法，總是怕人們會對自己不利，不敢敞開心胸和大家相處，但是如果你不敞開心胸，別人又怎麼可能對你敞開心胸呢？

敞開心胸的方法：

(1)瞭解他人，也讓他人瞭解自己

如果你對新結識的人表現冷淡，這往往就會使對方認爲你難相處。不妨經常和人們打招呼，和初次見面的人也主動地say「Hello」，參加團體活動，和剛結識的新朋友一道去郊遊，在大自然的懷抱裡，你會發現人和人之間的關係可以變得簡單而輕鬆。

也可以給自己一些訓練，比如說經常和賣東西的店員聊聊天，買菜的時候和賣菜的菜農說說話，你會發現人們都是很熱情的。從一些簡單的事情做起：給好久沒有聯繫的同學、朋友打個電話，去探望正在生病的同事……

在工作的空閒時間，主動參與同事們的聊天，剛開始你可能不太會說話，沒關係，只需耐心地傾聽就夠了。等到一段時間後，可以適時發表自己的見解，爲了使自己更成功，你可以「備戰」，比如說記下有趣的事情，有機會時可以跟同事分享。

跟同事談話的時候，切忌說話「說一半藏一半」，讓人覺得你不真誠。

(2)不要總是懷疑別人

要學會分辨和信任周圍的人，總是將自己弄得像個刺蝟，大家也就不敢接近你。對於別人的幫助要真心誠意地表示感謝，不要總是懷疑別人的目的，當別人有困難找到你的時候，你能夠幫忙的要儘量幫助，如果確實幫助不了的，也要委婉地拒絕。

(3)敞開心胸也有一些禁忌

敞開心胸不是讓你將自己完全暴露在別人面前，不是把自己私密的事也告訴別人：比如老闆給你加薪、你對老闆的意見、你覺得誰怎麼樣等等。還有諸如同事的八卦和一些自己工作上很好的構思（畢竟大家還是競爭關係，別人可能會早你一步將你的想法付諸於行動），人們只會覺得你太天真，回頭可能就把你的祕密傳了出去，要知道你跟某些人說了就等於告訴了全世界，一些不能表露的是堅決不能說的。

17 克服害羞的心態

Emotion 17

孤獨的人往往都很害羞，不喜歡和人交往，或者害怕別人主動交往。

有的人在很多人面前很緊張，不願意多說話，也不知道該說些什麼，時間一長，就習慣於一個人待著，不願意出席人多的場合。所以，要想擺脫孤獨，克服害羞的心態也是很重要的一點。

你覺得自己有害羞心理嗎？請你回答以下的問題：

★與陌生人講話對你是一件很困難的事嗎？

★你在與人交往時是否感到缺乏自信？

★你在社交場合是否覺得不自在？

★在與一些不是親密朋友的人在一起時，你是否覺得緊張？

如果你經常有上述的感覺，那就說明你可能有一定的害羞傾向。其實有輕度的害羞是正常的。但重度的害羞則可能使人感到壓抑、孤獨和缺乏自尊。

人爲什麼會有還害羞的心理呢?從心理因素看，害羞可能主要有三方面的問題：

A缺乏與他人交往的能力。

B在他人面前有一種不安的感覺。

C害羞者頭腦中的自卑

當然，害羞也並非一無是處。比如害羞的人會是一個好的傾聽者，在交往中是可靠的朋友。但害羞可能會妨礙與人建立朋友關係，影響你的人際交往。一個朋友較少的人，比朋友多的人更容易產生孤獨感。想要內心不再孤獨，克服害羞的心理是必要的。

(1)別人和自己沒什麼不同

除了工作和身份不同以外，你和其他人並沒有什麼太大的區別，別人也並不一定比你優秀多少。害羞的人總是有意避開別人的目光，不想成爲焦點，也不敢去跟別人對視。其實每個人都一樣有七情六慾，也會和你一樣有害怕的事情，只要有個這樣的想法，你就會發現和對方交談並不是什麼難事。

(2)練習在公共場合講話

如果對在公共場合講話感到很困難的話，可以平時在沒有人的地方，或者在家裡對著鏡子練習，將要講話的內容提前預演一遍。

(3)克服懼怕心理

一些憑空產生的害怕心理使你失去一些社交的機會。比如你擔心「在聚會上沒人理睬我怎麼辦？」，這種擔憂會讓你最終放棄聚會，所以，克服你的恐懼心理，你就不會讓你想像的害怕阻礙你的行動。

(4)擴大自己的社交領域

多參加一些團體活動，這樣可以學會和不同的人打交道。剛開始的時候不要著急，可以在旁邊觀察別人是如何做的，等到你覺得可以了，勇敢的邁出第一步。一個害羞的人在陌生的場合講出第一句話之後，隨之而來的並不是新的害羞，而可能是和別人的侃侃而談了。大膽的嘗試著與人交往，慢慢的就會發現現實比想像的要簡單的多，也容易的多。

(5)事先做好準備

如果你準備參加一個Party，最好事先瞭解一下會有些什麼人參加，他們將做什麼，他們的興趣在哪一方面？如果是一些你從來沒見過的人，最好盡可能地瞭解他們的背景，那麼在和他們交談時就不會不知所云了。

11招，教你練習不生氣

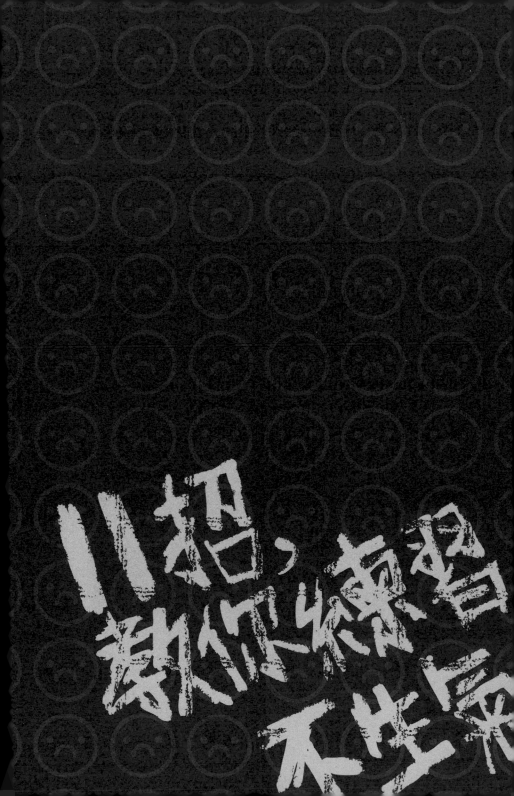

Chapter

05

不做

你喜歡你自己的時候，你就不會覺得自卑。

「醜小鴨」

18 不做「醜小鴨」

Emotion 18

如果是自己在某些方面遜於別人，又或者那些以往不如自己的人如今卻優越地站在面前的時候，心理更會難免嚴重地失衡，那種自卑感更是難以忍受。

提起童話，就會想起丹麥童話大師安徒生，而說到安徒生，沒有人不瞭解他的《醜小鴨》。人們總是讚許「醜小鴨」的堅忍不拔，爲了理想的執著，最後變成了白天鵝。然而最初的時候，醜小鴨也是自卑的。「他覺得自己非常悲哀，因爲自己長得那麼醜陋，而且成了全體雞鴨的嘲笑對象。」，醜小鴨的這種消極心理充分說明它的自卑心理。自卑心理是怎麼樣產生的呢？

如果我們把我們的「愛」分爲「愛自己」和「愛他人」兩種，下面的內容就清楚地說明了什麼樣的人自卑，什麼樣的人自信，什麼樣的人自負，什麼樣的人自貶。

自卑的人不論是愛自己還是愛他人都是很低的。心理學上講，「自卑情結」根植於人的潛意識中，很可能連他本人都沒有意識到，但它總會有所表現，有的直接表現爲退縮，有的卻與之相反，如更加爭強好勝。對於大部分人來講，自卑會讓人陷入一種心理障礙。這樣的人不能真正的正視自己，接納自己，什麼事也做不成，總是在心裡不知不覺的產生一種「醜小鴨」情結。

醜小鴨情結一般是在人小時候種下的。孩子的認知像一張白紙，「笨蛋」等一點點有關自尊的傷害，都會在他的心靈裡紮根，就像鴨媽媽說醜小鴨長得很醜一樣。比如一個小孩從小長得不好看，沒有別人聰明，在被人負面的評價之下，都可能形成深深的自卑心理，如果不能像童話中的醜小鴨一樣奮發努力，努力使自己變成美麗的天鵝，就會在自卑的陰影裡越陷越深，不能自拔。

要想從醜小鴨變成白天鵝，必須要超越自卑。

(1)正視自己的缺點

阿琪是個相貌平平的女孩，甚至還有點醜，男同學都不願意接近她，甚至取笑她。每逢出去玩，一個人拎著包包，看到男生都是爭先恐後地爲那些漂亮女孩拎東西時，心裡就感到很難過。在這種情況下，她的心情一落千丈，學習成績迅速下降。她曾經幻想過上大學、當博士、出國留學，現在卻整天都在迷惘中度過，不知道該怎麼辦。

其實，哪裡有真正完美的人呢，每個人都有自己的缺點，正視自己不要陷入自怨自艾之中，要知道漂亮的外貌是天生的，憑藉出眾的才華博得人們的欣賞，取得成功才會更讓人敬佩。

(2)發揮自己的長處

爲了克服自己生理上的缺陷或心理上的自卑，就應該發展自己其他方面的長處，優勢，自卑感也曾經是許多成功人士成功的動力，由於自卑，人們會清楚甚至過分地意識到自己的不足，這就促使其努力學習別人的長處，彌補自己的不足。

沒有誰是天生的醜小鴨，只要努力任何人都可以變成天鵝。一代球王貝利初到巴西最有名氣的桑托斯足球隊時，他害怕那些大球星瞧不起自己，竟緊張得一夜未眠，他本是球場上的佼佼者，但卻無端地懷疑自己，恐懼他人。後來他設法在球場上忘掉自我，專注踢球，保持一種泰然自若的心態，從此便以銳不可擋之勢進了一千多個球。球王貝利戰勝自卑的過程告訴我們：不要懷疑自己、貶低自己，只要勇往直前，付諸行動，就一定能走向成功。久而久之，就會從緊張、恐懼、自卑的中解脫出來。不甘自卑，發奮努力是醫治自卑的良藥。

1 活出你的自信

Emotion 19

自信原本就是一種美麗，而很多人卻因為太在意一些事情而無法做到自信，因而也失去了很多快樂。

無論是貧窮還是富有，無論是貌若天仙還是相貌平平，只要你能抬起頭來，活出你的自信，展示你的自信，你就會發現生活很美好，而自信也不是那麼難。

珍妮家裡比較窮，她又認爲自己長得也不是很漂亮，所以她經常低著頭，也不和同學們一起玩耍。一天，她過生日，爸爸送給了她一隻漂亮的蝴蝶髮夾，是那種她嚮往已久的、漂亮的女生戴的，她戴上以後，家裡人都誇她很漂亮，她自己照鏡子也覺得很漂亮。

第二天早上，她穿上了乾淨的衣服，戴上了這個漂亮的蝴蝶髮夾，一路上她都抬著頭，碰到了同學和老師都主動打招呼，上課時，她積極地回答問題，老師誇獎了她，下課的時候，她和同學們一起玩遊戲，開心地笑，同學們都覺得很快樂，她還交到了朋友，同學們都說今天的珍妮很美。她一直都覺得是蝴蝶髮夾的功勞，所以回家後，她就想把髮夾摘下來收好，明天繼續戴，可是一照鏡子才發現髮夾不知道什麼時候早就已經丟了。

對於自信的人來說，他根本就不需要什麼裝飾物，從裡至外都散發著迷人的魅力。

人在仰視時易低估自己，俯視時易低估別人；得意時易自狂，失意時易自卑。其實這種都不對，人活在世間，要活出自己的風格，要活出自信，「老夫聊發少年狂，左牽黃，右擎蒼，錦帽貂裘千騎卷平崗。」蘇東坡活得自信，活得積極，所以身處逆境仍然鬥志昂揚。「我歌月徘徊，我舞影凌亂」，「天生我材必有用，千金散去還復來。」李白活得自信，活出了自己的風格，活得豪放不羈，所以才寫出了如此浪漫如此豪放的詩句。

一個人的成就，絕不會超出他自信所能達到的高度，若拿破崙在率領軍隊越過阿爾卑斯上時，只是坐著說：「這件事太困難了。」無疑的，拿破崙的軍隊永遠不會越過那座高山。所以無論做什麼事，堅定不移的自信力，都是達到成功所必需的和最重要的因素。

自信的人不懼怕自己的弱點，他想辦法補充自己的弱點，甚至想辦法把自己的弱點變成自己的優勢，自信的人也不會害怕失敗，他認爲「失敗是成功之母」。

自信不等於自負，不等於驕傲自滿。自信要懂得謙虛謹慎，懂得肯定自己的同時也看到自己的不足。自信的人要有真才實學，要是你只會誇誇其談，人們不會覺得你是自信，只會覺得你是一個「繡花枕頭」。

對於自信不足的人來說，可以適當的找一些機會鍛鍊自己。比如參加一些活動，像演講比賽、歌唱比賽，積極地準備，名次不是主要的，關鍵是要表現自己。在平常的談話過程中，要勇於表達自己的意見，讓人們聽到自己的聲音。走路的時候，要抬起頭，整天低著頭自己也會覺得沮喪。注意身體語言，讓我們的身體姿態、動作、表情向人們傳達資訊，與人面對面時要看對方的眼睛，不要閃躲。自己有能力辦好的事情，就不要過分謙虛，勇敢地承接下來，也可以給自己一次鍛鍊的機會。早晨起床後，對著鏡子對自己說「我是最棒的！」大聲喊出來，讓自己一天都保持旺盛的精力。

與金錢、勢力、出身、親友相比，自信是更有力量的東西，是人們從事任何事業最可靠的資本。自信能排除各種障礙、克服種種困難，能使事業獲得完滿的成功。

所以活出你的自信來。

就像瑪麗・科萊利說的：「如果我是塊泥土，那麼我這塊泥土，也是預備給勇敢的人來踐踏。」如果在表情和言行上時時顯露著卑微，每件事情都不信任自己、不尊重自己，那麼這種人自然也得不到別人的尊重。

Emotion 20

真正做到「愛自己」

在心理學上，自卑源於過多地自我否定，如果不能及時排除，將可能導致人的一生都在黯淡的日子裡走過，一輩子與成功無緣。

一個人的自卑心理往往是由於對自己不正確的評價造成的，每個人都有各自的缺點，既有長處，也有短處，不要想著任何方面都要和別人比較，更不能拿自己的短處和別人的長處比較。我們可以看到，一個真正自信的人，不但「愛別人」，更重要的是「愛自己」。

小崔是一個性格內向的人，極度自卑，總覺得自己很難適應社會。但是爲了父母還是努力考上了大學，但是生活對於他來說卻索然無味，極度的空虛，並且不只一次的想到了死亡，但卻沒有勇氣邁出這一步。

像小崔這樣的情況，他可能會很愛他的父母，也會愛周圍的人，卻唯獨沒想過要好好愛自己。很多人都認爲「愛自己」是很自私的表現，其實並不是。成長過程中被人否定、輕視或者失敗，都可能會讓你覺得自己沒有用、沒有存在的價值，於是你很不喜歡自己，害怕與人交往，不能正視和肯定自己的優點，而一味地誇大自己的缺點。

瞭解自己，認真努力地學著去愛自己，才是成長的正確之路。

(1)停止對自己的批判

學習做自己的朋友，不要對自己總是不滿和批判，不管怎樣，你都是一個獨立的生命個體，你要做的是不附加條件地接納自己的一切。不開心或煩躁時，不要去壓抑、否認或掩飾它，更不要責備自己，對自己生氣。客觀地看待自己，集中精力發掘自己的優勢，揚長避短、發揮優勢，想一下優秀的自己是什麼樣子，把它寫下來並朝著這個方向努力。

(2)積極的自我暗示

積極的自我暗示會讓你即使在不利的情況下，也能鼓勵自己信心十足地去工作，不要在行動之前就去體驗失敗的情緒。也要經常暗示自己，不要把目標定得太遠，不要有過多的奢望，要一步一腳印地前進。在不斷獲得小的成功之中增強信心，克服自卑。

(3)勝敗乃兵家常事

對自卑者來說，他們參加競爭的唯一目的就是獲勝，一旦失敗，就會認爲被人瞧不起。他們也總要想躲避競爭，因爲他們不相信自己的力量，行動還沒開始就覺得自己肯定不會成功，也不指望成功。正確地對待結果，不論勝利或失敗都是常事，一個自信的人會勇敢的面對這一切的。

(4)對自己有信心

很難想像，一個缺乏自信心的運動員能夠登上世界冠軍的獎臺。正如拿破崙說的那樣：「默認自己無能，無疑是給失敗創造機會。」從這個意義上說，樹立自信心是戰勝自卑感的根本方法。

缺乏自信的人總是對自己是否有能力完成某些事情表示懷疑，結果可能會由於心理緊張，把原本可以做好的事情弄糟了。自信心強的人，能夠充分利用自己的長處，有效地避免錯誤，即使遇到困難也表現出巨大的勇氣和力量，不為自卑心所困擾。一個人如果自慚形穢，那她就不會成為一個美人；如果他不相信自己的能力，那他將永遠不會成功。對自己信心一點，自卑就會少一點。

(5)別總對自己說「不」

在以往的失敗和自我否定下，很多人總會不知不覺地學會輕視自己、束縛自己、壓抑自己，自怨自艾便由此而產生。因為不會愛自己，沒有愛過自己，沒有養成愛自己的習慣，結果產生了嚴重的自卑，不但自信消失了，隨之消失的還有志氣、理想。很多自卑者習慣於對自己說「不」，我不會，我不好，我不漂亮，但是這種貶低自己、否定自己並沒有給自己帶來輕鬆和快樂，反而心情越來越灰暗，自卑感越來越重。

換一種心態面對自己，情況就大不相同了。把「不」字從字典裡刪去，多讚美自己、鼓勵自己，是每一個愛自己的人給自己最好的禮物。

21 怎樣做到心理自信

Emotion 21

外在表現即心理反映，若心理自信的話，那麼表現出來的也會是自信的。

麥克阿瑟將軍在西點軍校入學考試的前一晚非常緊張，他母親對他說：「如果你不緊張，就會考取。你一定要相信自己，否則沒人會相信你。要有自信，要自立。即使你沒有通過，但你知道自己已經全力以赴了。」放榜後，麥克阿瑟名列第一。

大多數人所表現的自信要大過我們所意識到的，我們很早便知道相信自己，要首先做到心理自信。

如何找到那個神祕的力量，做到心理自信呢？

(1)做好充分的準備，爲樹立自信的心理打下基礎

自信的心理絕對不是憑空產生的。如果你要參加一個考試，但是你一點都沒有複習，平時也沒有好好學習，那麼就是再有自信心，自己再對自己說「我可以」，該答不出

來的題目還是答不出來，因爲你頭腦是空的。自信必須要以自己的能力做爲基礎的，否則就叫自負了。

所以在做事情之前，要展現自己的自信，就要提前做好準備。比如，你要在許多人的場合做一個演講，爲了能夠給人們自信的感覺，在演講之前你就要自己提前做準備，寫一篇精彩的講稿，想想哪裡是提升氣氛的地方，還有那些動作可以配合著使用，如果氣氛不熱烈該怎麼樣進行控制來調節氣氛即興發揮。在下面自己先演練幾遍，等到時候上臺的時候才不會懷疑自己，才不會心裡沒準備，不會緊張，才會做到「胸有成竹」。

對於膽小不自信的人來說，這一方面至關重要，積極的準備換來一次成功，成功以後還是充實自己，那麼形成一個良性循環，最終也就會使自己越來越自信，越來越敢於嘗試新的東西，迎接更多的挑戰，爲自己爭得更多的發展機遇，贏得更多成功的體驗。

(2)自立、自尊、自強才能自信

自立、自尊、自強的人，不依靠別人，依靠自己，這樣才能夠做到心理上的自信。

自立的人能夠思考別人的觀點與意見、自己的言行與得失，並且對於別人不盲從，敢於表達自己的意見，從而展示自己的自信。

自尊，是自我價值感，是個體對自我的尊重，也是個體對自我價值的積極評價與體驗，它表現了自我的情緒與情感品質。過低的自尊會演變爲自卑或自我否定，這樣會影響到自己取得成功的積極性，又怎麼會有自信?所以要讓自己的自尊保持在恰當的水準上。欣賞自己的長處，認可和容忍自己的短處。

自強能力越高的人，往往越自信。心理學家認爲，每個人都有向上的心，都可以透過自己的努力，達到自己的目標。在克服困難的過程中實現目標，從而增強人們的自信。比如一個正在學走路的小孩子，他摔倒了，媽媽趕緊把他扶起來的話，下次摔倒他還是要等著媽媽伸手來扶他，相反，讓孩子自己站立起來，下次摔倒的時候他就自己會站起來，而且會對自己產生信心「原來我有能力，沒有媽媽的幫助我也可以自己站立起來」。

(3)做做自信訓練

第一步，排除雜念

做法：寫出消極暗示，然後在旁邊打「X」

「我天生比別人笨。」

「我的基礎打得不好，所以比不上別人。」

「現在的工作不是我的本科專業，我沒有辦法勝任。」

「這項任務太難了，我做不來。」

「這個目標太難達到了，我還是放棄吧。」……

第二步，自我激勵

★我能夠做到！

★我正在達到我的目標！

★我離我的目標又近了一步！

★學習對我來說是很開心的事情！

★這項任務依我的能力沒有問題！

★我現在喜歡我這個工作了，因爲它具有挑戰性！

★我能夠在規定的時間裡找出正確的解決方式！

★我非常的有信心！

★我年輕，我有學問，我的記憶靈敏，我的頭腦強有力，所以我一定能夠做好這個case！

透過這些練習可以加強自己的心理自信！

11招，教你練習不生氣

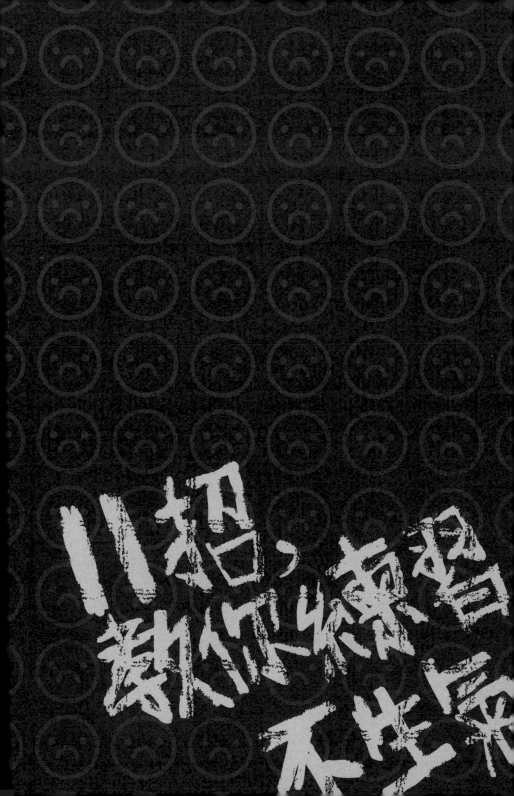

Chapter 06

挫折是生活的一部分

任何不能將我毀滅的東西都會使我變得更強。

22

Emotion

挫折是生活的一部分

人們在生活中會經歷很多的挫折，人的一生中總會有遇到許多的困難，正如那句話，「人生不如意，十有八九」。

挫折是什麼？對於失敗的人來說，挫折是成長路上永遠翻不過去的山；對於懦弱的人來說，挫折是成長路上的一片荊棘地，會把人扎的遍體鱗傷；對於沮喪的人來說，挫折讓人失去了信心，迷失了前進的方向。對於成功的人來說，挫折是登上更高峰的基石；對於堅強的人來說，挫折是鍛鍊自己的機會。無論如何，人生的道路上挫折都是不可避免的，挫折是生活的一部分。

海倫・凱勒這個名字想必大家都很熟悉。在她很小的時候，因為一場病，使她變成了一個集聾、啞、盲於一身的人。可是她卻被馬克・吐溫稱為是最傑出的女性，甚至於全世界的人都如此之認為。沒有人會想到如此一個集聾、啞、盲於一身的殘疾人士竟然學會了說話，學會了寫字，甚至學會了用手去看東西。

成功的人之所以成功，就在於當挫折來臨之時，他們坦然面對，冷靜對待，對人生充滿希望，不把挫折看得太重，不把痛苦盲目擴大，迅速振作起來，迎接挫折的衝擊，最終成功；失敗的人之所以失敗，是因爲他們總是害怕挫折，逃避挫折，而當挫折真的避無可避時就會感覺自己非常不幸，把痛苦無限擴大。

人要生活，要成長，就必然會遇到挫折，關鍵是你怎樣看待挫折：

⑴不要拿別人當藉口

小剛的同事剛剛晉升爲部門經理，本來這個位子他也是很有希望的，自己能力很強，在銷售方面也更有經驗，於是他認爲這是由於同事和老闆的關係比較好的緣故。這件事讓他的心情很鬱悶，工作起來好像也沒有了動力。

一次，他把這件事講給一個朋友聽，朋友只是問他以前經歷過什麼失敗嗎？他說考了三次才考上大學，朋友只說了一句話「那你第三次和考官一定很熟啦？」

小剛聽了之後，立即就明白了問題的所在。沒有升職是因爲做的還不夠好，千萬不要把別人的成功當做自己失敗的藉口。

⑵挫折也是一種成長

小惠是一所知名大學的畢業生，從小到大都是同學們羨慕的對象，畢業之後進入了一家公司做主管，可是不久她就辭職了。原來進入公司之後，小惠和同事的關係很不好，別人都對她不服氣，工作上都不配合，她差不多和所有的人都吵過架。後來總經理和她談話，認為她還不適合當主管，希望她從職員做起，小惠無法接受，就遞交了辭呈。

小惠由於從來沒有遭受過大的失敗，總是認為自己無人能及，過分高估了自己的能力，這次職場的第一次失敗正是一次機會，讓她可以靜下心來，思考各種原因，察覺到自己的不足，這樣才能在以後不斷改進。

(3)笑著面對挫折

一九四一年十二月的一個深夜，一場大火蔓延了愛迪生的實驗室，全部的研究心血都在這場大火中埋葬。這可是他大半輩子累積的汗水與心血啊！然而，本應痛不欲生的他，卻出人意料地格外平靜，第二天早晨竟在這裡散步。留給人們的只有一句話：「災難有災難的價值，感謝上帝！燒掉了我們所有的錯誤，現在可以重新開始了。」

愛迪生一生所取得的成就讓人佩服，更令人欽佩的是他面對挫折時的態度。面對困難和打擊，最重要的是不能喪失勇氣。

挫折和失敗是人生的必修課，是任何人都不能避免的，但是它可以幫助你成長，能增強你的意志，能使你變得更加成熟。

2. 學會躲避挫折，遠離失敗

Emotion

在這世界上，有誰願意遭受挫折？誰不希望自己的一生一帆風順？誰不希望自己永遠成功？然而，這僅僅是一個美好的願望，在期望和成功之間，必然要經過一條滿是荊棘的挫折之路。

接受一些挫折是有好處，但是並不是讓人們沒事找事地給自己尋找挫折，如果在事情還沒有發生之前，就採取了防範的措施，使得挫折不會出現，不是更好嗎？相信誰也不願意品嚐失敗的痛苦。

明明知道最後的結果是不好的，還要硬拼上去，過程是痛苦的，還浪費了時間和精力，這種情況下，就不如提前放棄，可能還有更好的發展。失敗有時候就像一個球，如果你真的硬碰硬地去接它，自己也會受傷。

李先生的一位朋友宋先生經營一家中小型的維修公司，最近想把公司轉讓出去。消息一出，很多人都表現得很有興趣。宋先生是比較偏向於李先生接手，而李先生也覺得這是個機會，於是也做了詳細的調查，經過分析後發現這家公司存在了幾個問題，這家公司如果經營的好還是有一定的發展前景的，因爲它有相對穩定的客戶，只是目前出現了一點資金周轉的問題，如果能夠補上這個資金缺口後就可以繼續發展了，另外，維修人員的水準不高，還必須聘請一些高素質的人才才行。

李先生對照著自己的情況仔細地想了一下，自己手裡的錢只夠買下這個公司，但沒有多餘的錢再去解決資金周轉的問題，想到去銀行貸款，可是由於現在的金融危機各家銀行都不敢輕易向外貸款，想了種種的辦法都不能解決資金的問題，而一旦資金跟不上後續的工作就會一團糟。另外，現在對於專業人員來講，技術高的人員都想到大企業裡去做，如果自己想要聘請他們要花很大的成本，依自己的能力肯定不行。

同時，他還想到，就算上述問題都解決了，自己現在五十多歲的年紀，還能夠做多久，身體是不是能夠撐住。即使做大了，誰來接手？李先生的兒女現在工作都非常的好，收入也不菲並且是自己喜歡的工作，不能因爲自己耽誤了子女的生活，那麼如果自己強迫地接手這家公司的話，不僅有很多的問題在等著自己，還要考慮身體的問題。

最後，李先生做出了決定：既然接手這家公司對於我來說是註定要失敗的，那我還不如提早放棄，把它轉給有能力的人。

有人也許會覺得李先生的做法有些「不積極」，「前怕狼後怕虎什麼事情也做不成」，其實李先生的做法是很明智的，這叫做「量力而爲」。

不要強迫自己力所不能及的事情，明知道自己就是努力了還要註定失敗就不要去逞一時之勇，好比七歲的孩子去和十七歲的孩子進行跑步比賽，明知道七歲的會輸，還要去比有什麼意義呢？輸了還讓自己難過很長時間。

當然，躲避挫折絕不是採取消極的態度，不管什麼事情都不去做，躲避是要用想法來規避風險，是經過仔細的分析躲避，是在做這件事情之前，詳細地分析環境、可能出現的結果、自己的能力，制定一個合理的目標，然後朝著這個目標努力。

在具體的行動過程中，也要採取多種措施儘量地規避失敗，要做好充分的準備。比如說，你要拿一筆錢進行投資，辛辛苦苦存下來的錢，你要怎麼進行呢？是在什麼都不清楚的情況下，一股腦地都投入到股市裡，跟著大家走，壓在人們都在炒的股票上？還是先做好分析研究，懂得了投資市場的基礎知識，然後進行投資組合呢？顯然後者才是正確的，因爲前者的做法最後只會使得自己的錢被沉浮的股市吞沒。

李嘉誠經商創造了兩大奇蹟：一是做生意從來不虧損，這在大富豪中實屬罕見；二是在財富並非最集中之地，居然能經營成全球華人首富。他是如何達到這個境界的？李嘉誠的回答是：「我會不停研究每個項目要面對可能發生的壞情況出現的問題，所以往往花九十%功夫考慮應對失敗。」

一個人要取得成功，總要花費一番周折，絕非輕而易舉的事情。成功總是伴隨著一定的難度，需要人們穩紮穩打的經營。也就是說，人們要想成功，就要考慮失敗，要知己知彼、攻守兼備，對可能失敗的因素瞭若指掌，從而防止失敗，或者將失敗的風險降到最低限度，爲自己創造最大的成功係數。

2 克服不滿情緒

Emotion

從我們出生那天起，就會有很多的不滿情緒。

在我們還不會說話的時候，寶寶就會透過哭鬧來表達不滿情緒：餓了、渴了、尿布濕了等。等到我們學會了語言，有了不滿情緒會說出來，當然也有的時候用表情、動作、行爲來表示。當我們的要求和願望得不到滿足的時候，人人都會產生不滿的情緒。

尤其是進入社會的時候，我們希望有好的工作，有好的待遇，有進修的機會，希望有個公正的上司，希望有理想中的愛人等等，希望學業、家庭、事業都一帆風順。但是，這些願望往往不能都得到滿足或實現，於是不滿情緒就來了。

可是，不滿這種消極情緒，既無助於解決問題，又會對身心健康造成不良影響，因此，每個人都要學會控制它。

(1)考慮實際情況

隨時想一想自己提出來的需求或觀點是否切合實際，是否合乎情理。例如，希望社會上人人平等，所有人都道德高尙，這個願望是好的，但是也是極難實現的。

生活不可能一帆風順，我們做什麼事也要量力而行，由於各式各樣的原因，有許多我們希望的事情是辦不到的，若是一味的只想著自己的理想，那麼不滿情緒就很難控制。不好高騖遠，從實際出發，你的不滿情緒必然會減少。

(2)把不滿情緒釋放出來

小堂在公司一直覺得經理在分配工作時對自己十分不公，但當經理問他怎麼樣時，他又違心地說，沒問題。一邊是心裡強烈的不滿，一邊是沒有勇氣提出異議。直到有一天，當經理再次分配給他較多工作時，他突然爆發了，在場的所有人都感到不可思議。最終結局是小堂離開公司。

把自己的不滿憋在心裡，不斷累積，直到忍無可忍的時候爆發出來，這樣往往具有更大的破壞性，後果也往往難以挽回。所以，當自己對別人或者什麼事情有不滿的時候，最好說出來，把消極的東西拿走，積極的東西才會裝進來。

有一個故事裡講，一個想學禪的人好多次去找大師，希望能教他學禪。但大師一直不表態。這一天，這個人又來了。大師爲他倒茶，水已經溢出茶碗，流了出來，可是大師還在往裡面倒。這個人就說：「大師，水已經滿了，怎麼您還往裡倒？」大師言：「是呀，一個裝滿水的杯子，怎麼能再倒進新的水呢！」

壓抑和隱藏只能將不滿情緒埋得更深，卻不能讓他們消失，我們保持積極心態的第一步是先讓不滿情緒釋放出來。

(3)不要隨意發脾氣

一位經理發現他的祕書拿來的報告上有多處錯誤，經理本想找來祕書大罵一頓，但是祕書原來工作是很認真的，於是他控制住了自己的情緒。平靜下來後就跟祕書進行溝通。原來這些報告都是額外的工作，以前從不要求的，所以她很生氣，把怨恨都發洩在打字上了。之後經理對祕書的工作進行了一些調整，這樣的事也不再發生了。

想想看，如果經理看到錯誤馬上對祕書發脾氣，不僅無助於平息個人的憤怒，而且很容易導致反抗行爲，因爲祕書也很不滿。即使當時沒有對著幹，心裡恨得咬牙切齒，並會在某些時候以其他的方式將其怨氣表現出來。

發脾氣並不是解決問題的辦法。

(4)避免「踢貓效應」

在心理學上，有一個「踢貓效應」：某公司董事長爲了重整公司一切事務，承諾自己將早到晚回。有一次，他看報看得太入迷以至於忘了時間，爲了不遲到，他在公路上超速駕駛，結果被員警開了罰單，最後還是誤了時間。這位老董憤怒之極，回到辦公室時，爲了轉移別人的注意，他將銷售經理叫到辦公室訓斥一番。銷售經理挨罵之後，氣急敗壞地走出老董辦公室，將祕書叫到自己的辦公室並對他挑剔一番。祕書無緣無故被人挑剔，自然是一肚子氣，就故意找櫃台總機人員的麻煩。總機人員無可奈何垂頭喪氣地回到家，對著自己的兒子大發雷霆。兒子莫名其妙地被父親痛斥之後，也很惱火，便將自己家裡的貓狠狠地踢了一腳。

在現實的生活裡，很多人心裡有了不滿，總想找人發洩，但是之後產生的「踢貓效應」，不僅於事無補，反而容易激發更大的衝突，讓糟糕不滿的情緒繼續蔓延。

2 對待挫折的心理準備

Emotion 25

挫折有利有弊，挫折要使人付出代價，也可能會使人精神痛苦，扼殺生機扭曲人性，出現行為上的偏差。

面臨挫折的時候，每個人的表現方式是不一樣的，這關鍵在於每個人的心理承受能力是不一樣的。在做事情的過程中，要做好對挫折的心理準備，這樣在經歷挫折的過程中，才會有對抗挫折的能力。

阿沁的生活一直都很順利，家庭條件好，從小沒有遇到過物質上的缺乏，他又很上進，學習成績很好，從小學一路驕傲地上到了國立知名大學。到哪裡都是人們羨慕的焦點。等到大學畢業，阿沁自以爲自己可以找到很好的工作，誰知道遇到了經濟危機，每個人都在拼命地推銷自己，失業的人數增加，競爭的人數增加，原本有一些大公司會到他們學校去挖掘人才，現在換做他們自己去找工作。而剛剛畢業的大學生和那些已經有過工作經驗的人相比是完全不佔優勢的，他在人力銀行上投了很多簡歷，也去了幾家公司面試，好的公司競爭的人很多，差的他又不想去，所以就一直沒有找到合適的，一開始他還情緒高昂，每天出去都精神充足，總是覺得以自己的能力肯定能找到好的工作，可是經歷了幾次碰壁之後，他的意志開始消沉，也開始懷疑自己的能力，再去面試的時候也表現的很沒有自信。

就這樣一拖再拖，幾個月了都沒有找到工作。看著自己身邊的人一個個都開始有了著落，阿沁非常沮喪，躲在家裡誰也不見。最後，父親沒有辦法，只好托人找關係把他安排到了一家公司上班，可是上了沒幾天，阿沁就說大家好像都看不起他，說他是靠關係進來的，說什麼也不肯再去了，就這樣一直閒在家裡。

阿沁的表現就是因爲對挫折一直沒有意識，也沒有做好心理準備所引起的。

對於人類來說，引起挫折感的原因可能有很多。比如說和心理的滿足度有落差，比如說一些品學兼優的大學生在求職時由於種種原因而不被公司接納而引起了沮喪、失意、不滿，還有的是因爲外界力量阻止和干擾使自己所追求的目標不能達到實現而產生的挫折，比如說在工作崗位中，由於政策、人事等方面的規定不符合自己心理所想的那樣，還有一種是生理上的缺陷引起的，比如說胖瘦、長相、高矮等……

不管是何種原因造成了你心理上的挫折，只要積極面對，做好充分的心理準備，你會發現其實這些挫折都沒有什麼大不了的。

情緒管理：

(1)積極應對心理挫折

心理受到挫折時人們經常產生的一種心理狀態，人生在與社會適應的過程中，不如意的事十有八九，可以說挫折是生活重要的一部分，對於不同的人來說，挫折既可以成爲一塊絆腳石，也可以成爲一筆財富，關鍵在於你怎樣在心理上看待挫折。

這就要求人們在日常生活中要積極地面對挫折，還有提前給自己打好「預防針」。對找工作的大學生或者失業人員來說，要充分認識到失敗的可能性，提前想好要是失敗了該怎麼辦，同時要儘量避免可能出現的失敗，比如努力提高自己參與求職的競爭能力，在自己的表現上求得完善，正確地看待自己，即使挫折出現了也仍然不會對自己喪失信心。

對那些因爲生理原因可能會受到挫折的人來說，更要提前想好自己在面對挫折的時候要怎樣應付，到時候才不會尷尬。阿晴很胖，快到了一百一十公斤了，她馬上要到一家新公司工作，那麼以前有過類似的經驗，大家可能會議論她的體型，阿晴提前想到到了新公司同樣會出現這種情況，於是在去新公司前就提前進行了演練。到了新公司後，果然有同事在她自我介紹的時候竊竊私語，阿晴微微一笑，想演練的時候那樣對大家說：「歡迎大家有什麼能夠減肥的方法請跟我說，我在這裡先謝謝大家啦！不過大家從這點也可以看到我的工作能力，因為我的工作能力就像我的體重一樣有內容！」大家都被她逗樂了，也再也沒有人拿她的體重開玩笑。這就是阿晴在預示挫折可能到來時提前做了準備，才使得自己沒有受到傷害。

(2)提高抗挫折的能力

在日常工作、生活、學習過程中，可是適當地給自己加強一些抗挫折的練習，比如說找一些對自己有挑戰的事情來做。日常生活中不要過得太舒適，自己找一些困難給自己，比如說登山的過程中再累也堅持自己走完或者自己不喜歡做的事情就是要求自己去做等等。記住：對自己越苛刻，生活對你越寬容，對自己越寬容，生活對你越苛刻。

(3)不要慌張著爬起來

遇到了挫折，跌倒了，不要慌張著爬起來。

一位拳擊手說過：「每次我被打倒的時候，都會躺在地上，讓自己喘一口氣，反省自己被打倒的教訓。」顯然，這位拳擊手能夠利用這段時間休息一下，檢討一下，當他再次站起來，就是一個勇猛、機智的鬥士了。

當自己摔跤的時候，沒有弄清跌倒的原因就急著爬起來，只會再次跌倒。

江先生投身股海，賺了不少錢，逢人便說：「炒股太簡單了，就像拿袋子裝錢一樣。」二〇〇八年，股市走跌，他被套牢，不但把賺來的錢又丟了進去，還虧了十多萬元。他急忙找親戚借了十幾萬元投入股市，結果，股市不斷下跌，他又虧了。

11招，教你練習不生氣

Chapter 07

心態可以改變一切

我們不能選擇生活給予我們什麼，但我們卻可以選擇積極而樂觀地回報生活。

給自己注入積極的心態

Emotion 26

個人要成功，除了要有目標外，還要有積極的心態。積極的心態對於我們的成功至關重要。

我們每個人的性格和特點，都是由思想造成的。我們的命運，完全取決於我們的心理狀態。愛默生說：「一個人就是他整天所想的那樣。」

心態對於我們非常重要。如果我們想的是快樂的念頭，我們就非常高興；如果我們想的是悲傷的事情，我們就會悲傷；如果我們想到一些可怕的情況，我們心裡就會害怕；如果我們想的是不好的念頭，我們恐怕就會不安了；如果我們想的都是失敗，我們就會失敗。

處理好人際關係須遵循多方面的規則，卡內基已爲我們提出了許多。但是，就自我而言，心理上的積極暗示也是非常重要的，它能幫助自己走出困境。

曾經統治羅馬帝國的偉大哲學家巴爾卡斯・阿里流士也認爲，「生活是由思想造成的。」

基督教信仰療法的創始人瑪麗．貝克．艾迪當時認爲生命中只有疾病、愁苦和不幸。她的前任丈夫，在結婚後不久就去世了，第二任丈夫又拋棄她。她只有一個兒子，卻由於貧困和疾病的困擾，不得不把四歲的兒子送走了。她不知道兒子的下落，之後的三十一年中，都沒有再見到他。

因爲她自己的健康情形不好，而她一直對所謂的「信心治療法」感興趣。可是她生命中戲劇化的轉折點，卻發生在麻省的理安市。一個很冷的日子，她正在城裡走著時，突然滑倒了，摔倒在結冰的路面上，而且昏了過去。她的脊椎受到了傷害，使她不停地痙攣，醫生甚至認爲她活不了多久了。醫生還說，即使奇蹟出現能夠使她活命的話，她也絕對不可能再走路了。

躺在床上，瑪麗．貝克．艾迪打開了《聖經》。她後來說，她讀到馬太福音裡的句子：「有人用擔架抬著一個癱子到耶穌跟前來，耶穌……對癱子說，放心吧，你的罪赦了……起來，拿你的褥子回家去吧。那人就站起來，回家去了。」耶穌的那幾句話使她產生了一種力量和信仰，一種能夠醫治她的力量，使她「立刻下了床，開始行走。」

「這種經驗，」艾迪太太說，「就像激發牛頓靈感的那顆蘋果一樣，使我發現自己怎樣地好了起來，以及怎樣地也能使別人做到這一點……我可以很有信心地說：一切的原因就在你的思想，而一切的影響力都是心理現象。」

從上面的例子可以看出，有的時候，我們的痛苦並不是身體上的痛苦，而是我們意志上的消沉。精神的低迷比身體上的缺陷更可怕，它能夠讓我們意志消沉。

雖然我們不能選擇生活的境遇，但是我們卻可以選擇堅強而自尊的態度；我們不能選擇生活給予我們什麼，但我們卻可以選擇以積極而樂觀地回報生活。積極的思想能夠消除我們的憂慮、恐懼和很多疾病。只要我們改變自己的想法，就能改變自己的生活。

貝爾什麼事情都發愁。他之所以憂慮是因爲他太瘦了，因爲他老覺得自己在掉頭髮，因爲他怕自己永遠沒辦法賺足夠的錢娶個太太，因爲他認爲他永遠都無法做一個好父親，因爲他怕失去他想要娶的那個女孩子，因爲他覺得他現在過的生活不夠好，他很擔憂他給別人不好的印象；他很擔憂，他覺得自己得了胃潰瘍，無法再工作，辭去了工作後，他內心愈來愈緊張，壓力終於到了令人難以忍受的地步。因爲再沒有一種身體上的痛苦，能超過精神上那種極度的痛苦了。

他的精神狀態極差，甚至到了崩潰的邊緣，嚴重到沒辦法和家人交談。他控制不住自己的思想，充滿了恐懼，只要有一點點聲音，就會使他嚇得跳起來。他每天都痛苦不堪。他覺得自己被所有的人拋棄了。他真想跳到河裡自殺。

後來他決定到佛羅里達州去旅行，希望換個環境能對他有所幫助。上了火車之後，父親交給他一封信，並告訴他，等到了佛羅里達之後再打開看。到佛羅里達的時候正好是旅遊的旺季，因爲旅館裡訂不到房間，就在一家汽車旅館裡租一個房間睡覺。他想找一份差事，可是沒有成功，所以他把時間都消磨在海灘上。他在佛羅里達時比他在家的時候更難過，因此他拆開了那封信，想看看父親寫了些什麼。他在信上寫道：「兒子，你現在離家很遠，但你並不覺得有什麼不一樣，對不對？我知道你不會覺得有什麼不同，因爲你還帶著你麻煩的根源──你自己。其實你的身體或是你的精神，都沒有什麼毛病，因爲並不是你所遇到的環境使你受到挫折，而是由於你對各種情況的想像。總之，一個人心裡想什麼，他就會成爲什麼樣子；當你瞭解這點以後，就回家來吧。因爲那樣你就醫好了。」

貝爾父親的信使他非常生氣。因爲他所需要的是同情，而不是教訓。

貝爾當時氣得馬上決定永遠不再回家。那天晚上，貝爾經過一個正在舉行禮拜的教堂，因爲沒有別的地方好去，就進去聽了一場講道。講題是「能征服精神的人，強過能攻城佔地」。貝爾坐在神的殿堂裡，聽到和他父親同樣的想法。這一來他就把腦子裡所有的胡思亂想一掃而空了。他第一次能夠很清楚而理智地發現自己真的是一個傻瓜。看清了自己，實在使貝爾非常震驚。

第二天清早，貝爾就收拾行李回家去了。一個星期以後，他又回去做以前的工作。四個月以後，他娶了那個他一直都怕失去的女孩。他們組成了一個快樂的家庭，生了五個子女，無論是在物質方面或是精神方面都很滿足。

由此可見，精神狀態對我們來說，非常重要。積極的心態能讓我們鼓起生活的勇氣，相反，消極的心態只會使我們更加墮落。

拿破侖・希爾說，一個人能否成功，關鍵在於他的心態。成功人士與失敗人士的差別就在於成功人士有著積極的心態；而失敗人士則習慣於用消極的心態去面對人生。

人生是好是壞，不是由命運來決定，而是由心態來決定，我們可以用積極心態來看待事情，也可以用消極心態來看待事情。事實上，我們的心態在很大程度上決定了我們人生的成敗。青少年要有一顆積極的心態，坦然面對生活中的一切。

27

Emotion 27

解放你我的積極心理學

思想的運用和思想的本身，就能把地獄造成天堂，把天堂造成地獄。

我們內心的是否平靜，我們的生活是否快樂，並不取決於我們在哪裡，我們有什麼，我們是什麼人，而是在於我們的心境如何。

依匹克特修斯警告我們說：「我們應該極力消除思想中的錯誤想法，這比割除身體上的腫瘤和膿瘡要重要得多。」

蒙坦把以下的話作爲他生活的座右銘：「一個人因發生的事情所受到的傷害，不及因他對發生事情所擁有的意見來得深。」

威廉・詹姆斯說：「行動似乎是隨著感覺而來，可是實際上，行動和感覺是同時發生的。如果我們使自己在意志力控制下的行動規律化，也能夠間接地使不在意志力控制下的感覺規律化。」

可見，積極的心態對於我們的生活有多重要。

英格萊特在十年前得了猩紅熱，當他康復以後，他發現又得了腎臟病。他去找過好多位醫生，但誰也沒有辦法能夠治好他。

然後，他又得了另一種併發症，他的血壓高了起來。他去看一個醫生，醫生說他的血壓已經到了兩百多的最高點。醫生宣佈他已經沒有希望了，最好馬上料理後事。

英格萊特回到家裡，在弄清楚他所有的保險都已付過之後，開始向上帝懺悔他以前所犯過的各種錯誤，坐下來很難過地默默沉思。他害得所有的人都很不快樂；他的妻子和家人都非常難過，他自己更是深深地埋在頹喪的情緒裡。然而，在經過一星期的自憐之後，他對自己說：「你這樣子簡直像個大傻瓜。你在一年之內恐怕還不會死，那麼趁你還活著的時候，何不快快樂樂呢？」於是，他挺起胸膛，臉上露出微笑，試著讓自己表現出好像一切都很正常的樣子。剛開始的時候還覺得還很費力，但是他覺得強迫自己開心，不但有利於他的家人，也對他自己大有幫助。

接著他發現自己開始覺得好多了。這種改進持續不斷，他不僅很快樂，很健康，活得好好的，而且他的血壓也降下來了。有一件事他是可以肯定的：如果他一直想到會死、會垮掉的話，那位醫生的預言就會實現了。可是他給自己的身體一個自行恢復的機會，別的什麼都沒有用，除了改變他的心情。

《人的思想》這本書裡有這樣一段話：「一個人會發現，當他改變對事物和其他人的看法時，事物和其他人對他來說就會發生改變──要是一個人把他的思想朝向光明，他就會很吃驚地發現，他的生活受到很大的影響。人不能吸引他們所要的，卻可能吸引他們所有的……能變化氣質的神性就存在於我們自己心裡，也就是我們自己……一個人所能得到的，正是他們自己思想的直接結果……。

有了奮發向上的思想之後，一個人才能興起、征服，並能有所成就。如果他不能奮發起他的思想，他就永遠只能衰弱而愁苦。」

我們應該記住威廉•詹姆斯的話：「……通常，只要把受苦者內心的感覺，由恐懼改成奮鬥，就能把大部分我們所謂的邪惡，改變為對你有幫助的好處。」願我們每個人都有積極的心態，為我們的快樂而奮鬥。

28 用積極的暗示來改變自己

Emotion 28

我們只有有了快樂的思想和行為，我們才能感到快樂。

暗示，它是一種啓示、提醒和指令，會告訴我們注意什麼、追求什麼、致力於什麼和怎樣行動。這是每個人都擁有的一個看不見的法寶。

例如，星期六，你本來約好和同學們出去玩的，可是早晨起來往窗外一看，下雨了。這時候，你怎麼想？也許你會想：糟糕，下雨天，哪兒也去不成了，悶在家裡真沒意思……；如果你想：下雨了，也好，今天在家裡好好讀讀書，看看報紙……這兩種不同的心理暗示，就會給你帶來兩種截然不同的心情。

自我暗示就是自動暗示，它是人的心理活動中的意識思想的發生部分與潛意識的行動部分之間的溝通媒介。積極的心理暗示可以讓我們鼓起生活的勇氣，增強我們的自信心，讓我們爲之奮鬥；消極的心理暗示往往給我們帶來消極的情緒，使我們的信心喪失，讓我們每天處於鬱悶的心情中。心態決定命運，積極的心理暗示決定我們行動的成敗。

我們多數人的生活境遇，既不是一無所有，也不是什麼都好。這種一般的境遇相當於「半杯咖啡」。當你面對這半杯咖啡時，你心裡產生什麼念頭呢？消極的自我暗示是爲少了半杯而不高興，情緒消沉；而積極的自我暗示則是慶幸自己已經獲得了半杯咖啡，那就要好好享用，因而情緒振作。

一個孩子，家境貧寒，生活困窘，不得不靠拾煤塊和揀破爛來貼補生活，因而有些同學就看不起他。放學以後，常有三個愛欺負人的孩子玩弄他，以此爲樂。他每次受到驚嚇或是挨了打罵，只有流著眼淚回家，感到恐懼和自卑。後來，他讀了一本叫做《羅伯特的奮鬥》的書籍，內心受到了啓發和鼓舞。他在心理上進行了積極的自我暗示，決心拚命戰鬥，打敗對方。這天放學的路上，他又遇到了那三個恃強凌弱的孩子。那三個孩子一起喊叫著衝向他。他這次不是逃跑，也不是害怕求饒，而是挺身迎戰，一鼓作氣和他們打架。這是一場惡戰。他打倒了一個，另一個見勢不妙逃跑了，帶頭的那個小子也只好退卻了。從此，那三個孩子再也不敢欺負他了。實際上，他不比幾個月前強壯，攻擊他的三個孩子也沒有變得虛弱，前後不同的只是他的心理上的自我暗示不同。

心理上的自我暗示是個法寶，能夠幫我們戰勝困難，能夠幫我們重新拾回自信，能夠幫我們取得事業的成功。經常進行積極自我暗示的人在每一個困難和問題面前，看到的都是機會和希望；而經常進行消極暗示的人在每一個希望和機會面前看到的都是問題和困難。

美國社會學學者華特•雷克博士研究了這樣一個問題：他從兩所小學的六年級學生中，找出兩組截然不同的學生作爲研究對象。一組是表現不好，難以救藥的學生；另一組是表現優良，積極上進的學生。那些品行不良的學生，在他們遇到某種困難時，往往會預期自己一定會有麻煩，覺得自己比不上別人，認定自己的家庭糟糕透頂。而那些素行優良的孩子則相信自己能在學習上取得成功。經過五年的追蹤調查，結果顯示正如原先所預期的情形：好孩子都能保持繼續上進的記錄；而那些品行不良的孩子則會經常出現問題。

以上研究結果表明：自我意識、自我評價本身確實能左右一個人的發展。一個人可以透過積極的心理暗示，自動地把成功的種子和創造性的思想灌輸進入潛意識裡，這樣才在以後前進的道路上就充滿信心。相反，也可以灌輸消極的種子或破壞性的思想，而使潛意識這塊肥沃的土地野草叢生。

露西在奧克拉荷馬州托沙城的一個石油公司做打字員的工作。最使她乏味的是，每個月要花幾天的時間，填寫一份塞滿了統計數字的報表。怎麼才能使這令人厭煩的工作變成有意思呢？她記錄下自己每天早上所塡的數量，盡量在下午去打破自己的紀錄；然後再記錄下自己一天所做的總數，第二天想辦法再打破前一天的紀錄。結果，她很快地把使她乏味的報表塡完了。她這樣做，是爲了得到讚揚嗎？不是。她只是爲了盡快地把沒有意思的工作變得很有意思地去完成。這樣，她就可以省下不少時間休息，她也就有了更多的快樂。

下面又是一位打字小姐，她做得更巧妙：把沒有意思的工作，假設爲很有意思，結果卻得到了意想不到的收穫。她的名字叫維莉•哥頓，住在伊利諾伊州愛姆霍斯特城坎尼華斯大道四七三號。在她們辦公室有四個打字小姐，仍然常常忙得不可開交。

有一天，副理一定要維莉•哥頓把一封長信重打一遍。維莉•哥頓告訴他，只要改一改就可以了，不一定要重新打。但是老闆卻對維莉•哥頓說，如果你不願意重打，他就去找願意打的人來打。維莉•哥頓簡直氣暈了。但是維莉•哥頓想到，如果她不打，就會有很多人抓住這個機會，代替她的工作位子。

於是，維莉•哥頓便假設自己很喜歡這項工作，高高興興地去做。奇怪的是，這樣一假設，她好像真的喜歡上這項工作了，速度也加快了不少。

這個發現，使她改變了過去的工作態度，大家都認爲她是一個很不錯的職員。後來有一位主管需要一個私人祕書，維莉・哥頓就去擔任了這份新的職務。哥頓小姐無意中「假想」自己很快樂，其實她正是無意中做到了這一點，所以才使她真得變得快樂起來。

可見，積極的心理暗示對我們青少年的生活和事業都很重要。人們相信有什麼結果，就可能有什麼結果，人不可能獲得自己並不想追求的成就。人不相信他能夠獲得成功，他就不會再去爭取了。當一個消極心態者對自己不抱任何希望時，他的人生也走到了盡頭。

消極的暗示，會限制你的潛能，將你的生活、事業搞得一塌糊塗，它使你看不到將來的希望，進而激發不出動力，會使人慢慢地變得意志消沉。因此，我們要用積極的暗示來增加自己的信心，告訴自己「我辦得到」。

2 發掘自身的潛力

Emotion 29

在面臨危險的時候，會發揮出比我們想像中還要大的力量，這就是我們所說的潛能。

我們要想取得驚人的成功，就要學會超越父母和自己的期望，發現自身的潛力。

現代原子物理學放射性元素鐳的發現者居里夫人，年輕時不僅生活極爲困難，就連試驗用的基本原料也非常缺乏，實驗室更是一間不能遮蔽風雨的破棚子。正當她在專心研究的關鍵時刻，與她一起進行鐳元素研究的丈夫又在一次車禍中不幸身亡。這個意外的打擊，使她悲痛萬分，但實現崇高理想和追求科學真理的決心使她從痛苦中解脫出來。

她以頑強的意志，堅韌不拔的毅力，克服了重重困難，堅持科學實驗。在她丈夫遇難後的第四年，她終於取得了突破性的成果，並完成了《放射性論》這一科學巨著，爲科學發展做出傑出貢獻。

從上面的例子可以看出，每個人的潛能是無限的，關鍵是要找到一個能充分發揮潛能的舞台。我們活在這個世界上，肯定不是爲了生存而生存，因爲生存不可能作爲生存的目的。有位哲學家概括了人類生存的三種境界：一是爲了生理慾望而生存，比如衣、食、住、行等；二是爲了心理的慾望而生存，比如安全感、友情和愛情等；三是爲了個性的發展和價值觀的表現而生存。

工作也是這樣。工作是人生的最大主題。因爲工作能給我們帶來的價値感，能給我們施展才能的空間。

瑞典化學家諾貝爾，在青年時代就立下了「我是世界的公民，應爲人類而生」的壯麗誓言，堅持在實踐中實現自己的諾言。在試製炸藥的過程中，曾多次發生過爆炸，他雖然被炸得遍體鱗傷，但是也絲毫沒有動搖他「爲人類而生」的崇高志向。

秦國的李冰父子爲了解決成都盆地的洪水災害，親自帶領百姓治水，克服了無數困難，建成了聞名於世的都江堰。

漢代民族英雄霍去病，爲了國家的生存和發展，長期駐守邊關，堅持抵禦匈奴的侵略，在戎馬中度過了自己的一生。當擊退了匈奴的入侵，漢武帝準備賞賜他時，他卻說：「匈奴未滅，何以爲家。」

宋代民族英雄岳飛，離別妻母，轉戰疆場，爲挽救國家的危亡，最後和自己的兒子岳雲一起犧牲在風波亭上。

清代民族英雄林則徐，堅持抵禦英國列強的侵略，直到和清朝腐朽勢力抗爭被充軍到新疆後，仍不灰心，一直沒有忘記列強對我國的侵略，並在邊疆和當地百姓一起修水利，栽葡萄，爲人民造福。

有時候，人的潛能就是很大。能夠爲了自己的理想和目標，堅持戰鬥到生命的最後一刻。

我們要有在困難面前，永遠不退卻的決心。要發揮我們自身的潛能，爲實現我們的理想而奮鬥，或許最開始我們對自己的要求也不高，但是當我們慢慢往前走，我們會發現前面的路還很寬廣，因此，我們要學會超越自己的期望，發掘自身的潛力。

30

Emotion

以積極的態度面對失敗

生活中常常會出現一些讓人防不勝防的悲劇。如果我們處於某種意料之外的困境時，這時，不要輕易地認定我肯定被打倒了，其實只要你心中仍有一個堅定的信念，努力去找，你總會找到那根幫助你度過難關的稻草。

一九九五年十一月十八日，紐約市林肯中心的艾佛瑞・費雪大廳，小提琴家帕爾曼將要在這裡舉行一場音樂會。對帕爾曼先生來說，登上舞台就意味著一種巨大的成就，因爲他小的時候患上了小兒麻痺症，現在雙腿綁著支架，走路也要靠一雙拐杖。

他這次與平常一樣，走得很痛苦，很艱難，但是很從容。走到他的座位前，他緩緩地坐下，把拐杖放在地上，解開腿上的支架，一隻腳收在後面，另一隻腳伸向前方。然後他彎下身拿起小提琴，放在頷下，朝指揮點了點頭，開始了演奏。

但出乎意料的是，這次出了點麻煩。剛演奏完前面的幾個小節，小提琴的一根弦斷了，人們可以聽到它的斷聲。任何人都知道用三根弦是無法演奏出完整的和弦的，當時大家都認爲他將換把小提琴或者給這把小提琴換根弦。

但那夜帕爾曼卻用常人難以想像的自信挑戰了這一突發的災難。只見他絲毫未顯得驚慌，遲疑了一下，閉上眼睛，非常輕鬆自然地給指揮了一個信號，示意重新開始演奏。整個過程就好像已完成上一曲演奏的自然間歇，接著開始了下一曲。樂隊奏響音樂，他從停止的部分開始演奏，但前後卻銜接得非常和諧，聽起來就像他調整了琴弦原有的音階，演繹出一種它們從未奏出過的全新的聲音。讓聽眾們感到他用三根弦奏出的音樂甚至比他用四根弦奏出的音樂還要美妙。

演奏結束，大廳中先是一片寂靜，接著人們站起來熱烈歡呼。帕爾曼微笑著，擦了擦額頭上的汗，然後用恭敬的語氣說道：「大家知道，有時演奏藝術家的工作就是用你僅有的東西還能創作出新的音樂。」

從帕爾曼的例子可以看出，帕爾曼在不具備成功的條件下，獲得了如此巨大的成功，就是因爲首先他自己沒有被自己打敗。他超常地發揮出他自身潛在的才華，用勇氣、智慧、膽識創造了奇蹟，改寫了小提琴的演奏歷史。

洛威爾說過：「災難就像刀子，握住刀柄就可以爲我們服務，拿住刀刃則會割破手。」災難既會造成一個人心理上的創傷和行爲上的偏差，甚至會使意志薄弱者一蹶不振；但卻又能激發人的潛能，增強其韌性和解決問題的能力。關鍵是大家看待它的態度是消極的還是積極的。

施耐德的父親曾經擁有一艘取名爲迪西的摩托艇，後來他把製造模型的工具箱送給了兒子。在考慮爲教堂捐贈拍賣物品時，施耐德打開了它，不由得就想起了父親，還有父親在那艘優雅的摩托艇上拍攝的老照片。

起初，施耐德對摩托艇的故事一無所知。直到有一次他躲避了一項本應該做的事情時，父親才借題發揮說：「把你的帽子扔到牆的另外一面。」

施耐德困惑不解地問道：「這是什麼意思？」父親說：「面對一堵難以逾越的高牆，如果你遲疑不決，那就把帽子扔過去。這樣你就會想方法翻到另一面去，我就是這樣來到芝加哥的。」

施耐德一直想不明白，父親在威斯康辛州的雷因長大，何以離家來到芝加哥？對此，父親解釋說：「那年我二十歲，除了那艘摩托艇外，什麼都沒有。記得一個夏天的早上，我攜帶著一包衣服，驅船來到芝加哥的貝爾蒙特港。由於一時找不到工作，我曾一度要放棄自己的夢想返回雷因。然而我沒有那樣做，而是把帽子扔到了牆的另一邊。考慮到要想闖出一番事業，就必須有一筆資金，我果斷地把迪西賣掉，斷絕了自己的後路。」

後來父親到愛迪森聯合公司工作，在一次舞會上認識了母親。經過艱苦的奮鬥，不僅在芝加哥成就了事業，還使全家人過上了富裕的生活。

在施耐德搬進新房之前，原先的那位屋主在臥室隔了一道牆，隔出一個小房間，但卻遮擋了裡面的光線。長年以來，他和妻子一直打算拆掉這道牆，終因嫌麻煩費事而沒有動手。這天哥哥荷勃來到施耐德家裡做客，獲悉弟弟的這一困擾時，毫不猶豫地說：「這還不容易。」言罷，他隨手就拆掉了一塊牆板。

既然牆壁已經毀壞，又早就想拆掉，現在也就別無選擇了。在荷勃的幫助下，施耐德和兒子當即動手拆了起來。經過不到一夜的忙碌，一道牆就拆掉了，企盼已久的明媚陽光終於灑滿臥室。

其實，拆除中間的牆壁是一個非常簡單的工作，但是由於思想上的懶惰，一直沒有動手去做，直到荷勃的光臨。困難也是一樣，其實有的困難就像一隻紙老虎，虛有其表，只有你一努力，就能將它擊倒在地，關鍵是看你有沒有克服困難的決心。在面對困難時，積極的心態就非常重要。

當我們面對無法避免的挫折時，我們應該勇敢地去戰勝它們，只有這樣，我們才能把自己鍛鍊得更加成熟。

31 沙漠裡也能找到星星

Emotion 31

人生在世，我們每個人都有自己獨特的稟性和天分，每個人都有自己存在的價值。只要我們找到自己人生的切入點，只要按照自己的稟賦發展自己，不斷地超越心靈的羈絆，取得成功。

美國一家租車公司，長期以來位居第二，卻好評如潮。這家租車公司原本經營不善，由於工作人員太多，員工工作態度又很散漫，車子交到租車者的手中，單就車子表面骯髒的程度，就會被譏諷爲是「逃犯開的車子」。名聲到此地步，怎能不面臨倒閉呢？

儘管如此，這家租車公司的市場佔有率仍有一席之地，居第二，只是離市場佔有率第一名的租車公司，有很大一段距離，而第三名的公司正在奮起直追，已是相差不遠。

後來公司聘請了一位有「經營之神」美稱的希德先生做總裁，他到任後在公司內部進行了大改革，先是採取重罰重賞的方式，提高了員工的服務水準，接著花重金尋找廣告公司爲公司做形象廣告。

廣告大師彭巴克先生，經過一番調查和策劃後，告訴希德先生：廣告就坦白直率地告訴大家——我在租車業中，排名第二。

希德先生深感懷疑：「我們第二，爲什麼人家還租我們的車子？」答案是：「我們更努力。」

希德先生接受了這則廣告，坦坦白白、毫不諱言「自己差，因此就需要更加努力」。這樣不只對內部員工有所激勵，對顧客而言，他們看到了一個正在努力向上的人，也看到了它的改變。不久之後，該公司的業績急速上升，市場佔有率愈來愈接近第一名，但是第一名的業績也沒有衰退，受害者是第三名。

在該公司所有的車子上，都貼了希德先生的電話，如果租車者發現車子不清潔、有煙蒂等情況，可以直接打電話給他。因爲：「我們第二，所以要更努力。」

有一段時間，他們自認爲逼近了第一，便放棄了第二的主張，結果業績開始下滑，因爲大家卻認爲它們不想再努力了。

至今，在美國租車市場的佔有率排行榜，第一仍是第一，第二仍是第二。

可見，有時候當第二也不錯。並不是所有的「第二」都不好。第二也有第二存在的優勢，要不他就會是第三、第四……即使是第二，他也有自己的優點。

貝爾蒙多出生在巴黎一個貧困的家庭。他天生遲鈍，學無所成。他的母親對他一籌莫展，望子成龍的熱情也日益消減。

貝爾蒙多十幾歲的時候就被迫輟學，面對母親疲憊的臉，他除了懊惱之外，就是把家裡收拾得一塵不染，做些點心以博得母親的歡笑。

在家無所事事的時候，他就擺弄幾個蘋果，做成可口的甜點。這不但沒有博得母親的稱讚，反而使母親對他更加失望，繼而對他放任不管。

一個偶然的機會，貝爾蒙多去了巴黎一家非常豪華的大酒店做小夥計。他相貌平平，又無特長，任何人都可以對他使喚。後來他又去餐飲部做了一名小助手，幫助一位甜點大廚師洗水果、配調料。當時他唯一會做的一道甜點，就是把兩個蘋果的果肉放進一個蘋果中，那個蘋果就顯得很豐滿，但是外表上卻一點兒也看不出來是兩個蘋果拼起來的，果核也被巧妙地去掉了，吃起來特別香甜。

一次，這道特別的甜點被一位長期包住酒店的貴婦人發現了。她品嚐後，十分欣賞，並特意約見了貝爾蒙多。這個一直不被重視的小伙激動地表示他將再接再厲，決不辜負夫人的賞識。

這位貴婦人雖然長年包了一間最昂貴的套房，可是一年中也只有不到一個月的時間在此度過，但是她每次來這裡的時候，都會點貝爾蒙多做的那道甜點。

那幾年，巴黎的經濟蕭條，酒店裡每年都會裁去一定比例的員工。然而毫不起眼的貝爾蒙多卻年年安然無事。因為那位貴婦人是酒店裡最重要的客人，而貝爾蒙多是酒店裡不可或缺的人。

酒店舉行豪華慶典的那天，每個大廚師都做了一道自己拿手的菜。輪到貝爾蒙多時，他仍然精心地做了那道甜點，對著家屬席中的母親，他熱淚盈眶地說：「我是一個很普通的人，我曾想給母親帶來一點點不同，可是我沒有做到。我希望今天，當我在這個平凡的工作中為自己爭得一席之地時，母親能嚐嚐我十年前就做過的這道甜點心。」

在眾人的注目中，那位年邁的母親眼裡含著幸福的淚光，一口一口地品嚐了這道遠近聞名的招牌佳餚。

其實，任何一個碌碌無為的人，都會有他自己耀眼的地方。我們也一樣，只要善於挖掘，一定也會取得成功的。好好地認識一下真實的自己，去發現自己的優點，只要我們尋找到匹配的環境，我們的才能就能得到充分的發揮，我們每個人都會取得成功。

11招，教你修身養性不生氣

Chapter 08

從「要我做」到「我要做」

要我做說明我很被動，我要做說明我思想很積極。

32 從被動變主動

Emotion 32

從「要我做」到「我要做」的轉變，其實是人的態度的轉變，從被動到主動，這樣大大增加了我們成功的機率。

美國著名教師費里斯‧赫布曾經談起他教過的一個學生：在學校裡，每一個教過他的老師都搖著頭說他是自甘墮落。我們其實都知道他天資聰穎，別的同學能學會的，其實他也能學會，但是他卻拒絕努力。對他鼓勵也好，批評也好，他都無動於衷。

一天下課後，我找他談話，告訴他：「你的這次考試又是一塌糊塗，你不給我留一點餘地。看來，我只能給你打不及格了。你還有什麼要說的嗎？」「沒什麼可說的。」他往椅子上一靠，臉上露出嘲笑的表情，無所謂地說。

他這麼一說，我失望到了極點，只好揮揮手，讓他走。他轉身邁著輕鬆的步伐，瀟瀟灑灑地走出了辦公室。「這孩子怎麼能這樣？他難道就這樣自暴自棄嗎？誰還能幫這個孩子一把？」我不自覺地大聲說了出來。我兩手抱著頭，呆坐在辦公桌前，連自己都沒有意識到，竟淚水汪汪。

不知過了多久，我覺得一隻手放到了肩膀上。抬頭一看，他回來了。「老師，我不知道還有人這麼關心我。」他說，臉上的嘲笑消失了，「如果我再試著努力一下，您能幫助我嗎？」

「那你可一定要真正努力才行。」我回答說，「我們倆都要加油。」「那好吧，能從現在就開始嗎？」

從那以後，他真的開始努力，各科作業都完成得很好，最後，他甚至成了班上最好的學生之一。

這個學生聽了費里斯‧赫布的話，轉變了學習的態度，從消極被動變成了積極主動。從老師要他學習，變成了他自己要求主動地學習。這個觀念的轉變，會給他帶來很大的影響。因爲找到了樂趣，他會投入更大的精力和努力，他就會更有機會取得成功。

其實，有時候改變也不是那樣痛苦。但是從「要我做」到「我要做」這個轉變，可以給我們帶來一生的幸福。下面一個例子也說明了完成從「要我做」到「我要做」之後，主角受益匪淺。

麗莎在護士學校唸書的第二個月，教授對她們進行了一次測驗。麗莎在學校裡一向是個好學生，所以輕而易舉地就做完了那些試題，直到她讀到最後一道題：「替我們學校做清潔的那位女士叫什麼名字？」她以爲教授是在開玩笑，那個清潔工她見過好多次：高個子，黑頭髮，五十多歲的樣子，但是她從來沒有問過她的名字。

麗莎交了試卷，最後一道試題空著。

下課鈴響的時候，一個同學問教授，最後一道題是否會算入測驗的總分。「絕對要算。」教授說，「在你們的職業生涯中，你們會遇到許多人。他們對你們來說都很重要，不管是總統還是一名清潔女工，每一個人都不可以被忽略，每一個人都値得你們去注意和關心。所以，最後一道題才是這次測驗中最關鍵的題目。」

麗莎永遠不會忘記那堂課，她同時也知道了她們的清潔女工名叫多蘿茜。

從此以後，麗莎就會記住每一個陌生人的名字，五年後，麗莎從她認識的人身上收穫了很多。

我想做的事情，我們就會努力去做好。所以，對於我們不想做但是又必須做的事情，我們就要有積極的心態，把「要我做」變成「我要做」。

33 成功者都有一顆積極的心

Emotion 33

每個成功者的身上都有其獨特的發光點，但是他們也有一樣相通的東西，就是它們都有一顆積極的心。

直彥井是日本發行量最大的娛樂性雜誌《名流》的創辦者，他從小就有一個願望就是想有一天，他能創辦一家屬於自己的雜誌社。由於他一直有這個明確的目標，他就在平時的生活中產生了一種積極的心理暗示，使他得以抓住一些常人看來微不足道的機會。在一次聚會時，他看到一個人打開一包紙煙，從中抽出一張紙條，隨手就把它扔到了地上。直彥井拾起這張紙條，那上面印著一個著名的女演員的照片，在這幅照片下面印有這樣一句話：「這是一套照片中的一幅」。原來煙草公司希望買煙者能收集一套照片以達到促銷的目的。直彥井把這個紙片翻過來，注意到另一面卻是空白，直彥井認爲這裡是一個機會。他設想：如果把附裝在煙盒裡印有照片的紙片充分利用起來，在那空白的一面印上照片上人物的小故事，這種照片的價值可能就會大大提高。於是，他去找印刷這種紙煙附件的公司，向這個公司的經理說明他的想法，這個經理立即說道：「請你給我寫一百篇名人的小故事，每篇我將付給你一百日元。」這就是直彥井最早的寫作任務。從那開始，他的小故事需求量與日俱增，以至於他還得請人幫忙。不久，直彥井就請了五名新聞記者幫忙寫故事，以供應那些印刷廠，就這樣，直彥井最終成了一個出名的編者。

從上面的例子可以看出，有了積極的心態，我們的思維就會變得活躍起來，我們就可以積極地去面對所遇到的困難。積極的心態往往是一副良藥，它常常藏在心底，需要用意志來激發他，這樣就能變爲我們前進的動力。

每個成功者的心裡都想著自己一定會成功的。正是這顆積極向上的心，指引著他取得成功。

一個人爬樓梯，以六層爲目標和以十二層爲目標，其疲勞狀態出現的早晚是不一樣的，把目標定在十二層，疲勞狀態出現得就會晚些，當他爬到第六層的時候，他潛意識裡便會暗示自己：還有一半呢，現在可不能累。於是他會鼓起勇氣繼續向上爬。

在我們的人生旅途上，我們幾乎多數時候都在「爬樓梯」，鼓勵我們一步一步向上爬的動力，更重要的是心理因素，有一顆積極的心。

詹天佑面對洋人對中國的輕視，斷言中國人不可能修成京張鐵路，他就暗自下了決心，一定要依靠自己的力量修好這條鐵路。他不怕冷嘲熱諷，迎難而上，與工人兄弟們奮鬥拚搏，原定六年修好的鐵路，最後只用了四年的時間便修好通車了，而且工程費用還節省了二十八萬兩白銀，爲中國人民爭了一口氣！

詹天佑就是憑著這股積極上進的衝勁，成功了完成了交給他的任務。

三十年代，英國一個不出名的小鎮裡，有一個叫做瑪格麗特的小女孩，從小就受到了嚴格的家庭教育。父親經常這樣教育她：無論做什麼事情，你都要力爭第一，永遠坐在別人前頭，而不能落後於人。對年幼的孩子來說，父親對她的要求可能太嚴厲了。但正是因爲從小受到父親的這種「殘酷」的教育，才培養了瑪格麗特積極向上的心。在以後的學習、生活和工作中，她時時牢記父親的教導，總是抱著一往無前的精神和必勝的信念，盡自己最大的努力去克服一切困難，爭取做好每一件事情，事事必爭第一。瑪格麗特在上大學時，學校要求學五年的拉丁文課程，她憑著自己頑強的毅力和拚搏的精神，硬是在一年內全部學完了，更令人難以置信的是，她的考試成績竟然名列前茅。其實，瑪格麗特不光在學業上出類拔萃，她在體育、音樂、演講以及學校的其他活動上也一直走在前列。當年她所在學校的校長這樣評價她：「她無疑是我們建校以來最優秀的學生，她總是雄心勃勃，每件事情都做得很出色。」正是有了這顆積極向上的心，四十多年以後，英國乃至整個歐洲政壇上出現了一顆耀眼的明星，她就是連續四屆當選保守黨領袖，並於一九七九年成為英國第一位女首相，被世界政壇譽為「鐵娘子」柴契爾夫人。

積極的心態能夠讓我們正確認識我們前進道路的挫折和困難，能夠指引我們朝著我們的目的地前進。每天都以一種積極的心態去面對生活，用積極的步伐走自己的路。等生命之路走到盡頭的時候，我們就可以對自己說一句「我沒有後悔」。我們就可以無愧於心了。

Emotion 34 心是快樂的源泉

個人是否快樂與物質和社會環境無關。生活在和平、繁榮國家裡的人不一定就人人快樂。

很多時候，我們只顧得忙碌地奔波，忘了自己爲什麼而活著，忘記了快樂。可是你是否想過，其實我們是如此富有，如此幸福，我們身體健康，我們平安地活著。可見，心才是快樂的源泉。

第二次世界大戰以來，人們的生活質量在很多方面都有了很大提高，然而自認爲生活快樂的人並沒有增加。相反，現代擁有壞心情的人的機率卻增加了十倍。金錢和財富似乎能夠帶來快樂，然而當收入能夠滿足基本需求之後，金錢就不再是快樂的源泉。人們對優越的生活條件習以爲常後，就逐漸失去了對生活的新奇感，從而也就遠離了快樂。

莎拉・班哈特，可算是深通此道的女子了。五十年來，她一直是四大洲劇院獨一無二的皇后，深受世界觀眾喜愛。她在七十一歲那年破產了，而且她的醫生波基教授告訴她必須把腿鋸斷。醫生以爲這個可怕的消息一定會使莎拉暴跳如雷。可是，莎拉看了他一眼，平靜地說：「如果非這樣不可的話，那只好這樣了。」

她被推進手術室時，她的兒子站在一邊哭。她卻揮揮手，高高興興地說：「不要走開，我馬上就會回來。」

去手術室的路上，她背她演過的台詞給醫生、護生聽，使他們高興。

手術完成、健康恢復後，莎拉・班哈特還繼續周遊世界，使她的觀眾又爲她瘋迷了七年。

大的幸福是偉人創造的，小的幸福由自己完成的。我們可以從最平常的日子、最瑣碎的事情裡品嚐到幸福的滋味。快樂也是一樣。快樂的源泉，不在天涯，不在海角，就在你我的心中。

同樣，對於不同的人，大家看待問題的方式和角度也不一樣，也會產生不同的心理。面對同樣的挫折，湯普森依然像以前那樣快了，而麥克卻被困難壓倒了。

麥克和湯普森幾年前跟人合夥做生意，運貨船突然遇到風浪，他們所有的財產包括夢想都沉入了海底。麥克經受不了這個打擊，從此一蹶不振，整天失魂落魄，神情恍惚。可是湯普森卻活得有聲有色，他每天白天去碼頭做搬卸工，晚上還要去圖書館去看營銷方面的書籍，生活得很充實、很快樂。於是麥克去問湯普森，爲什麼經歷了那麼大的磨難，他還能快樂得起來。湯普森回答說：「你咒罵，你傷心，日子一天天地過去；你快活，你高興，日子也一天天地過去，你選擇哪一種呢？」他勸麥克說：「你每天早晨起床前、晚上睡覺前，都花一些時間重溫當天發生的美好事情，這樣堅持下去試試。」果然透過這種方式，麥克很快就培養起了對生活的積極態度，從而變得快樂起來，不久他就振作起來。在家人和朋友的幫助下，又開始從小生意做起，現在他已經成了一個成功的商人了。

也許健康的你突然遇到一場飛來橫禍，會變成了殘疾；也許原本家財萬貫的你突然破產，一夜之間變成了一個一貧如洗的窮光蛋；聰明好學的你也有可能在高考中失利……總之世事無常，任何人都可能在任何時間和任何地點，遭受到不同的打擊和挫折。但是只要你有一顆快樂的心，任何不幸都是暫時的。

人生往往就是這樣，當你遭遇到工作和生活中暫時的黑暗時，並不一定要立即採取行動。而要用心去思考。

一位技藝高超的走鋼絲演員準備給觀眾表演一場沒有帶保護的表演，而且鋼絲的高度提高到十六公尺。海報貼出後，立即引來很多觀眾。他們都想知道這位演員如何在沒有保護的情況下，從容地在鋼絲上完成一系列高難度動作。

這樣的表演，他早就胸有成竹，有十二分的把握走好。演出那天，觀眾黑壓壓坐滿了表演現場。他一出場，就引來全場觀眾熱烈地喝彩。他慢慢爬上了雲梯，助手在鋼絲盡頭的吊籃中把平衡木交給他，他站在十六公尺的高空中，微笑著對觀眾揮揮手。觀眾再次發出雷鳴般的掌聲。

他開始走向鋼絲，鋼絲微微抖動著，但他的身體像一塊磁石一樣粘在鋼絲上，一公尺、兩公尺……抬腳、轉身、倒走，動作如行雲流水。助手緊張而又欣賞地看著他，暗暗爲他加油。突然，他停止了所有動作。剛才還興奮的觀眾馬上又被他吸引住了，認爲他有更驚險的動作，整個表演場地馬上平靜下來。

助手覺得這極不正常，馬上意識到他可能遇上了麻煩，他的背向著助手，助手不知道發生了什麼，只是感到鋼絲越來越抖，他竭力平衡自己的身體，助手的額頭滲出了細密的冷汗。經驗豐富的助手知道此刻不能向他問話，否則會讓他分心，導致難以想像的後果。助手全身微微抖著，緊張地看著空中的他，時間一秒一秒地過去，突然他開始向鋼絲另一頭走了一步，然後動作又恢復了正常。

助手長長鬆了一口氣。他很快表演完了，從雲梯上回到地面，人們發現他的眼睛血紅，好像還有淚痕，演員們全都圍了過來。他到處找他的助手，助手從遠處跑來，被他一把抱住了：「兄弟，謝謝你。」

助手見他平平安安十分高興，說：「我不知道你在空中發生了什麼？」他說：「親愛的兄弟，這簡直是一場惡作劇。一陣微風吹下了屋頂的灰塵，掉入了我的眼睛，我在十六公尺高空中失明了。我的第一個念頭就是我今天命該如此，但我心又不甘，我對自己說，我應該堅持。我盡量保持心情平靜。就在剎那間，我感覺到淚水流出來了，它很快把灰塵帶了出來。」

生活中不管發生了何種變故，我們都不應該急躁，要讓劇烈跳動的心平靜下來。快樂會告訴你：一切的痛心、憤怒都不會使破碎的東西復原，只有快樂才會幫助你及時把破碎的心情和生活整理一新，讓你和從前一樣，繼續做你該做的事情，很快你就會發現自己又成了一個幸福的人。

查爾斯・羅勃茲是一個投資顧問。查爾斯・羅勃茲剛從德克薩斯州到紐約來的時候，身上只有兩萬美元。查爾斯・羅勃茲原以爲他對股票市場懂得很多，可是查爾斯・羅勃茲卻賠得一分也不剩。他說，若是他自己的錢，他可以不在乎，可是他覺得把朋友的錢都賠光了是件很糟糕的事。於是，查爾斯・羅勃茲很怕再見到他們。可是沒想到，他們對這件事不僅看得很開，而且還樂觀到不可想像的地步。

查爾斯・羅勃茲開始仔細研究他犯過的錯誤。下定決心要在再進股票市場前先學會必要的知識。於是，查爾斯・羅勃茲和一位最成功的預測專家波頓・卡瑟斯交上了朋友。這位朋友多年來一直非常成功，而查爾斯・羅勃茲知道，能有這樣一番事業的人，不可能只靠機遇和運氣。

這位朋友告訴查爾斯・羅勃茲一個股票交易中最重要的原則：在市場上所買的股票，都有一個到此爲止的限度，不能再賠的最低標準。例如，若是買五十元一股的股票，這位朋友會馬上規定不能再賠的最低標準是四十五元。也就是說，萬一股票跌價，跌到比買價低五元的時候，就立刻賣出去，這樣就可以把損失只限定在五元之內。

同樣，快樂也有個底限。只要我們每天的活動都在這個底限以上，我們就會感到快樂。

再如，你不小心丟失了一件價格不菲的皮大衣，你可以對自己的粗心懊悔不已，或許對拾金而昧者耿耿於懷。但是你也可以這樣寬慰自己：從此一個衣衫襤褸的窮人可以不再懼怕冬天的嚴寒了。那麼這時，你就會有了一種助人爲樂後的快感。

我們要善待生活，要時刻保持有一顆快樂的心，這樣我們才可以愉快地成長著。我們可以選擇一個快樂的角度去看待生活，也可以選擇一個痛苦的角度。真正幸福的人，是那些認認真真而又快快樂樂地過完一生的人。不論長壽還是短命，只要在活著時，每一天該說的話、該做的事，你都說了、做了，你就會死而無憾。就像魚兒在水裡游來游去，那麼從容，那麼自在，它的快樂全部瀰漫在水中。而我們人類的快樂全部躲藏在生活的每一個角落。只要我們有一顆細細品味幸福的心，快樂自會縈繞在我們身旁。

35 快樂是發自內心的喜悅

Emotion 35

或許你在情感的道路上突然受到了嚴重的傷害，你的心被折磨得支離破碎，你覺得靈魂已經飛走了。但是這時只要你的心中還有一絲快樂，它就會慢慢治癒你心頭的創傷，使你那顆受傷的心重新復甦，幫助你重新找到屬於你的愛。

快樂的心情不是與生俱來的，主要來自後天的修煉，穩定的工作、和睦的家庭、真誠的友誼、高尚的精神、美好的信念都是快樂之源，都可以促使人們快樂。快樂誕生的前提是：你必須有使自己快樂起來的願望。誰都無法「平安無事、無憂無慮」地過一輩子，誰都可能遇到不盡如人意的事情。有的人能夠從挫折中瞭解人生的真諦，從而歡樂常有，終於到達成功的彼岸；而有的人則把苦難和憂愁悶在心上，煩惱不盡，不能自拔，事業無成，而且傷害身心的健康。

當孩子拆壞了你精心收藏的一支手錶，你可以痛心疾首地揍孩子一頓，孩子哭，大人罵，家裡頓時硝煙瀰漫。但是轉念一想：孩子在實踐中又長了見識。於是你親切地摸摸孩子的頭：「孩子，你能把它再重新裝起來嗎？」笑一笑，何樂而不為？

在美國耶魯大學三百週年校慶時，艾里森應邀參加。他當著全體與會者的面說：「所有哈佛大學、耶魯大學等名校的師生都自以為是成功者，其實你們全都是失敗者，因為眾多最優秀的人才非但不以哈佛、耶魯為榮，而且常常堅決地捨棄那種榮耀。世界首富比爾・蓋茲，中途從哈佛退學；世界第二富豪保爾・艾倫，根本就沒上過大學；世界第四富豪，就是我艾里森，被耶魯大學開除；世界第八富豪戴爾，只讀過一年大學；微軟總裁斯蒂夫・鮑爾默在財富榜上大概排在十名外，他與比爾・蓋茲是同學，為什麼成就差一些呢？因為他是讀了一年研究生後才退學的……」

艾里森接著又把話鋒一轉：「不過在座的各位也不要太難過，你們還是很有希望的，你們的希望就是，經過這麼多年的努力學習，終於贏得了為我們這些退學者、未讀大學者、被開除者工作的機會。」

艾里森這番驚世駭俗的言論，的確有些過於狂妄了，但是不可否認的是，他所列舉的這些人確實都是沒有大學畢業證書。他們這些人之所以會成功，是因為他們認識到成功是發自內心的喜悅，只有自己真心地去做一件事情，才能取得最大的成功。

也許有人會說，生活對我來說總是充滿曲折和坎坷，磨難總是一個接著一個。幸福於我總是遙不可及嗎？其實快樂與人生的順境和逆境無關，只與人的心境有關，只要你內心是喜悅的，你就會領略到快樂。你也許有一個不幸的童年：幼年喪父或喪母，甚至是一個父母雙亡的孤兒，可是你幼小的心靈裡充滿了不甘示弱的倔強，當哭就哭，當笑就笑。所以即使是童年不幸的你，完全可以像嫩芽一樣，用堅強和樂觀洗去臉上的陰鬱和眸子裡的淚光，一步一步紮實地向前走，最後長成一棵參天的大樹。

任何事情的本身都沒有快樂和痛苦之分，快樂和痛苦是我們對這件事情的感受，同一件事，從不同角度來看待，就會有不同的感受。兢兢業業工作著的你突然失業，你可以抱怨命運的不公平，痛恨上司的無情，可以憂傷得一籌莫展。但是你也可以這樣想，命運又成就了你一次選擇職業的機會，也許從此以後你的生活會變得比以前更充實、更富裕。

一個印第安男孩與他的一個朋友走在市中心的街道上。突然，這個印第安男孩對他的朋友說：「我聽見一隻蟋蟀在叫！你聽到了嗎？」他朋友仔細地聽了聽後回答道：「沒有！你一定是聽錯了！」

「不，我真的聽到一隻蟋蟀在叫。我肯定！」「現在到處是熙熙攘攘的人群，你怎麼可能在這裡聽到一隻蟋蟀在叫！」「我肯定我聽到了的。」印第安男孩一邊回答，一邊屏氣凝神地搜尋著聲音的來源。

他們走過了一個街的拐角，又穿過了一條街道，然後四處尋找。最後在一個街道的角落裡看到一小簇灌木叢。印第安男孩仔細地搜索灌木叢中的枯葉，最後在枯葉堆裡找到了那隻蟋蟀。這令他的朋友目瞪口呆。印第安男孩說：「不是我的耳朵比你的更敏銳，關鍵是你在注意什麼。」他把手伸進自己褲兜裡，掏出一把硬幣。他將這些硬幣一一撒落在地上，硬幣撞擊水泥地板時發出了清脆的響聲。街道周圍所有的人頭都扭向了這邊。

「明白我的意思了嗎？」印第安男孩一邊解釋給他的朋友聽，一邊拾起他剛撒落的硬幣，「關鍵是你在注意聽什麼。」

快樂，其實是一種境界、一種追求。快樂也是一種情緒，懂得了控制情緒的方法，你就站在了快樂的一方。一個人快樂與否，不在於他是否遇到困境，而在於他怎樣看待困境。也就是說，消極心態與快樂是無緣的。一切的不愉快都不必掛在心頭，那樣只能傷害你的身體，釀成頑疾。

馬利安‧道格拉斯的家裡曾遭受過兩次不幸。第一次，他失去了五歲的女兒，一個他非常鍾愛的孩子。他和妻子都以為他們沒有辦法忍受這個打擊。更不幸的是，十個月後，他們又有了另外一個女兒，而這個女孩也僅僅活了五天。

接二連三的打擊使他幾乎無法承受，他睡不著，吃不下，無法休息或放鬆，精神受到致命的打擊，信心喪失殆盡，最後連吃安眠藥和旅行都沒有用。

馬利安・道格拉斯的身體好像被夾在一把大鉗子裡，而這把鉗子愈夾愈緊。

感謝上帝的是，馬利安・道格拉斯還有一個四歲的兒子，他教給了馬利安・道格拉斯解決問題的方法。

一天下午，馬利安・道格拉斯呆坐在那裡為自己難過時，他的兒子突然問馬利安・道格拉斯：「爸，你能不能給我造一條船呀？」

馬利安・道格拉斯實在沒興趣，可是這個小傢伙很纏人，只得依著他。

造那條玩具船大約花費了馬利安・道格拉斯三個小時，等做好時馬利安・道格拉斯才發現，這三個小時是馬利安・道格拉斯許多天來第一次感到放鬆的時刻。

這一發現使馬利安・道格拉斯大夢方醒。馬利安・道格拉斯明白了：快樂是從內心發出來的。只要我們想著快樂，我們就會快樂。

快樂是我們的天性。倘若我們不高興的時候，我們要試著換個想法，想想自己開心的事情，那樣我們的心情就會變得舒暢起來。

36 Emotion

不做自憐的孤獨者

當夜深人靜的時候、每當孤獨失意的時候，你會不會想念遠方的父母和親友？你會不會覺得自己一個人很孤獨？事實上，不論走千里萬里，不論每個人是否取得多大的成就，家都是我們心靈的港灣。

有兩個女孩，她們同住在一間公寓，兩個女孩都長得十分迷人，也有一份待遇不錯的工作，都希望自己有朝一日出人頭地。其中一位女孩，以她的年紀來說，是相當具有聰慧的。她認爲居住在大都市的女孩，尤其是單身女孩，一定要仔細安排自己的生活，並計劃自己的未來。她積極參加各種活動。她還加入一個研討會，甚至選修一門改進個性的課程。她把自己的薪水盡量用來與人交往，並開創出多姿多彩的生活內容。她有適度而愉快的休閒活動，但對於社交關係則相當謹慎。尤其盡量避免曖昧不清的男女關係。

回想當時她初到大都市的時候，也感到寂寞。她知道自己一定要有計劃。如今，她與一位聰明的年輕律師結了婚，婚後生活十分愉快。這便是她強調的「要達到目的」的結果——她得到了幸福快樂的人生。

至於另外的那個女孩呢？她當初也很孤單寂寞，卻沒有細心安排自己的生活。她經常去一些遊樂場所或酒吧尋找朋友。最後只是加入了一個俱樂部，協助酗酒者的戒酒俱樂部。

透過對比，可以看出：如果你不想讓自己孤獨焦慮，就請記住幸福並不是靠別人來佈施，而是自己去贏取別人對你的需求和喜愛。

一九〇〇年七月，德國精神病學專家林德曼獨自駕著小船駛進了波濤洶湧的大西洋，他在進行一次歷史上從未有過的心理學實驗，驗證一下自信的力量。

林德曼認爲，一個人只要對自己抱有足夠的信心，就能最大限度地保持精神和機體的健康。當時，德國舉國上下都很關注這一悲壯的冒險活動，因爲此前已有一百多位勇士駕舟橫渡大西洋均告失敗，無人生還。林德曼推斷，這些遇難者失敗的主要原因應該不是生理上的因素，而是死於精神恐慌、崩潰與絕望，所以他決定親自駕船前往，以驗證自己的推斷。

航行中，林德曼遇到了常人難以想像的困難。特別是在航行的最後十八天中，他遇到了颱風，小船的桅桿折斷了，船舷被海浪打裂了，船艙進了水。林德曼有時真有絕望之感。但是這個念頭一冒出來，他就馬上就大聲自責：懦夫，你想重蹈覆轍，葬身此地嗎？不，我一定能成功！在經歷千辛萬苦之後，林德曼終於勝利渡過了大西洋，成爲第一位獨舟橫越大西洋的勇士。

因此，在孤獨寂寞的時候，在無人援助的時候，只有自信才是最重要的。如果你有孤身奮戰的想法，你就有可能被困難嚇倒。只有相信自己的能力，才能戰勝孤獨。

很多人剛開始的時候都不自信，總是擔心自己有些缺點，而別人又是那樣優秀。久而久之，就是感到自卑，感到孤獨，從此，渾渾噩噩度過一生。殊不知，想要走出這樣的情緒，並沒有想像中的那樣痛苦。只要我們相信自己，勇敢地向前邁出一步，希望就在不遠處。

要想擺脫孤獨，就要消除自卑的心理。如果自卑，你就會感到別人比你優越，你就不敢和別人交流，結果會使自己更孤單。

我們應該怎麼擺脫這種心理呢？

一、我們要多和同學接觸

在和同學接觸的過程中，我們可以擺脫這種孤獨的心理，體會到集體的溫暖。

二、多參加團體活動

這樣我們就不會覺得自己的生活太枯燥了。透過參加社會活動，我們還可以轉移自己的注意力，使我們自己不再孤單。

擺脫孤獨的方法有很多，除了要自信和消除自卑外，還可以多和朋友聊聊，多向別人訴說不開心的事情。總之，我們的周圍有很多朋友，我們要主動請求幫助，而不要等待別人施捨。如果自己不主動，就會感到孤單。當你主動向朋友請求援助，你會發現你並不是一個人，有很多人都在關心你。

Emotion 31

讓自己度過快樂的一生

人生路上，風雲變化無常，花開終有花落時。

即使你曾經名滿一時，可是你隨時都有墮身落馬的可能；即使你有沉魚落雁之美，可是青春難駐，你也總有人老珠黃的一天；金錢更是來去無常，昨天腰纏萬貫的富翁，今天很可能就是破產跳樓的那位……那麼還有什麼可以成為我們一生的伴侶呢？那就是：「快樂。」

沙林吉夫人是一個很平靜、很沉著的婦女，她從來沒有憂慮過。但是以前的她也曾憂慮，而且還很嚴重。她說那時的她差點被憂慮毀掉。在她學會征服憂慮之前，她在庸人自擾的苦海中，生活了整整十一年。那時她脾氣不好，很急躁，生活在非常緊張的情緒之下。買東西時都會擔心房子被人燒了怎麼辦？傭人跑了怎麼辦？孩子們被汽車撞死了怎麼辦？常因發愁弄得冷汗直冒，衝出商店，跑回家去，看看一切是否都好，結果導致第一次婚姻沒有好結果。

她的第二個丈夫是一個律師，人很文靜，有分析能力，從不為任何事情憂慮。每當沙林吉夫人緊張或焦慮的時候，他就對她說：「不要慌，讓我好好地想一想，妳真正擔心的到底是什麼呢？我們分析一下機率，看著這種事情是不是有發生的可能。」

那次，他們在去新墨西哥州的一條公路上遇到了一場暴風雨。道路很滑。車子很難控制。沙林吉夫人擔心會被滑到路邊的溝裡去，可是丈夫一直對她說，車子開得很慢，不會出事的。丈夫的耐心和鎮定的態度使沙林吉夫人慢慢平靜了下來。

還有一年夏天，他們到洛磯山區露營。一天晚上，他們把帳篷紮在海拔七千英尺的地帶，突然遇到了暴風雨。帳篷在大風中抖著、搖晃著，發出尖銳的風聲。沙林吉夫人每分鐘都想著：「帳篷要被吹垮了，要飛到天上去了。」可是，她的丈夫不停地說：「親愛的，我們有幾位印地安嚮導，他們對這兒瞭如指掌，他們說這裡從沒有發生過帳篷被吹跑的事情。根據機率，今晚也不會吹跑帳篷。即使真吹跑了，我們也可以躲到別的帳篷裡去，所以不用緊張。」

沙林吉夫人放鬆了精神，結果那一夜睡得很安穩。而且什麼事也沒發生。

經過這兩件事情之後，沙林吉夫人漸漸擺脫了這些愚蠢的擔憂。

其實事情就是這樣。我們一生中總是不停地在為一些不可能發生的事情，或者發生機率很小的事情擔憂，結果搞得自己總是不快樂。

有人說，快樂就像一朵花，花開就有花落的時候。又有人說，珍惜生命吧，生命只在一瞬間。既然人生中最寶貴的是生命，那就讓我們愉快地度過一生吧。但是，我們一生中，不可能是一帆風順的，我們必定要經歷很多挫折和失敗，面對挫折，我們要有一顆平常心，不可以過度煩惱，這樣我們才能快樂地活著。

下面的例子就給我們闡述了這個道理。

有位著名的石油商人被勒索了，相當的苦惱和煩悶。事情原來是這樣的：他管理的那家石油公司，擁有幾輛運油卡車。物價管理委員會的條件管制很嚴，規定他們公司只能送給每一位顧客一定限量的油票。可是有一些運貨員卻偷偷地減少了給老顧客的油量，然後自己把偷下來的油賣給一些別的顧客。這位石油商人一開始並不知道這個情況。

有一天，有個自稱是政府特別巡視員的人來拜訪他，跟他索要紅包，說他掌握著該公司運貨員舞弊的證據，並威脅石油商人說，如果不答應的話，他就把證據轉交給地方檢察官。這時石油商人才發現公司裡有人從事不法買賣。

其實這件事情本來跟這個石油商人沒有什麼關係，他心裡明白自己並沒有什麼好擔心的；可是轉念一想，按照法律規定，公司要爲自己員工的行爲負責。還有，如果案子被送到法院，經記者們一炒，該公司的生意就會毀掉。

這位商人平時最得意於自己的好名譽和好生意，這是他父親在二十四年前開創的事業，絕對不能毀在他手上。

由於憂慮，這位商人生病了，三天三夜吃不下睡不著，一直在那件事裡面打轉。他反覆地思考，自己是該付那筆錢，還是直截了當地跟那個人說，他愛怎麼辦就怎麼辦吧。這位商人一直猶豫不決，手足無措，每晚都做噩夢。

後來，有幸的是，他碰到了一位非常瞭解他的朋友。他的朋友分析了他的狀況。如果不肯付錢，而勒索者把證據交給地方檢察官的話，可能發生的最壞情況就是毀了生意。他的朋友接著追問，如果你的生意被毀了，假使你心理上可以接受這件事，接下去又會怎樣呢？這位商人說，生意毀了之後，他也許得去另外找件差事。但是這也沒有什麼，因爲他對石油知道的很多。

他聽了朋友的分析後，發現問題並沒有他想像得這麼複雜，即使是最壞的打算，他還是可以接受的。於是，他開始了冷靜地思考。他把自己的全部情況告訴了自己的律師，或許律師還有更高明的方法。

上面的朋友是不幸的也是幸運的，不幸的是他遭到了勒索，幸運的是他有一個知心的朋友，也正是這個朋友，才使他度過難關。

但是，有的時候，一些煩惱確實是我們自己憑空想像出來。本來事情也沒有那麼嚴重，但是我們一直給自己施壓，就會造成了我們精神上的緊張狀態。

埃爾・史密斯在紐約當州長時，他常常發現許多政客為一些事情憂慮不已。於是他經常對那些政客說：「讓我們看看你所憂慮的事情發生機率的紀錄。」這也正是當年害怕他自己躺在墳墓裡時所做的事情。

一九四四年六月初，埃爾・史密斯躺在奧瑪哈海灘附近的一個傘兵坑裡。他看著這個長方形的坑，對自己說：「這看起來就像一座墳墓。也許這就是我的墳墓呢。」晚上十一點，德軍的轟炸機開始行動，炸彈紛紛落下，埃爾・史密斯嚇得人都僵住了。前三天晚上他根本沒辦法合眼，到第五天夜裡，幾乎精神崩潰。他知道要是不趕緊想辦法的話，他就會發瘋。

於是埃爾・史密斯提醒自己，已經過了五個晚上了，而他還活得好好的，並且這一組人都活得好好的，只有兩個受了輕傷。而他們之所以會受傷，也不是被德軍的炸彈炸到的。

於是，埃爾・史密斯在他的傘兵坑上造了一個厚厚的木頭屋頂，並且告誡自己：除非炸彈直接命中，否則我死在這個又深又窄的坑裡的可能性幾乎是零。

接著他算出直接命中率是萬分之一。這樣想了兩三夜之後，他平靜下來，並且可以很快入睡了。以至於到後來，就連敵機襲擊的時候，他也能睡得很安穩。

快樂能給任何年齡的人帶來生機和活力，快樂能讓萎靡者找到生活的動力，快樂能讓默默耕耘者在無意中收穫，快樂能讓脆弱者變得堅強，快樂能讓強者更富有韌性，快樂能讓智者在無言中享受。

我們怎樣才能快樂地度過一生呢？

一、我們要學會欣賞自己的優點

我們每個人在自己的心目中都塑造了很多的偶像，覺得他們高不可攀。其實這是一個錯誤的想法，我們在任何時候都不要看輕自己。

二戰後受經濟危機的影響，日本失業的人數陡然增加，工廠的效益也很不景氣。一家瀕臨倒閉的食品公司爲了起死回生，決定裁員三分之一，其中清潔工、司機、無任何技術的倉管人員首當其衝。這三種人加起來有三十多名。經理找他們談話，說明了裁員意圖。清潔工說：「我們很重要，如果沒有我們打掃衛生，沒有整潔、優美、健康有序的工作環境，你們怎麼會全身心投入工作？」司機說：「我們很重要，如果產品沒有司機，那怎能迅速銷往市場？」倉管人員說：「我們很重要，如果沒有我們，這些食品豈不要被流浪街頭的乞丐偷光？」經理覺得他們說的話都很有道理，權衡再三決定暫時先不裁員，而是重新制定了管理策略。

最後經理令人在廠門口懸掛了一塊大匾，上面寫著：「我很重要。」每天公司員工們來上班時，第一眼看到的便是「我很重要」這四個字。不管一線職工還是管理階層，都認為公司很重視他們，因此工作也很賣命。這句話啓動了全體員工工作的積極性，幾年之後，這個公司迅速崛起，成為日本有名的公司之一。每個人再也不用為自己的前途擔憂，每天快樂地工作著。

因此，人生快樂的訣竅就是經營自己的長處。只有知道了自己的長處，才能知道自己存在的價值，才能快樂。

二、不為名譽和權力所累

在現實中，名譽和地位常常被看做衡量一個人成功與否的標準。所以追求名聲、地位和榮譽，已成為一種極為普遍的心態。其實，人生的目的，不在於成名，而在於面對現實，去盡情享受生命和體驗生活的美好。

焦耳，是位偉大的物理學家。人們爲了紀念他所做的貢獻，將物理學中功的單位命名爲「焦耳」。從一八四三年起，焦耳就提出了「機械能和熱能相互轉換，熱只是一種形式」的新觀點，促進了科學的進步。他前後用了近四十年的時間來測定熱功當量，最後得到了熱功當量值。

邁爾是與焦耳同時代的一位科學家，他發現了能量轉化和守恆定律。一八四八年，當邁爾等人不斷地證明能量轉化和守恆定律的正確性，使這一定律被人們承認的時候，名利慾望的膨脹驅使焦耳向邁爾發起了攻擊。焦耳發表文章批評說，邁爾對於熱功當量的計算是沒有完成的，邁爾只是預見到了在熱和功之間存在著一定的數值比例關係，但並沒有證明這一關係，首先證明這一關係的應該是他自己——焦耳。

焦耳發起的這場爭論，使一些不明真相的人也一哄而上，紛紛指責邁爾的不負責任。邁爾最終沒有承受住這些壓力，陷入了有口難辯的痛苦境地。此時，邁爾的兩個孩子也先後因故夭折，內外交困中的邁爾先是跳樓自殺未遂，後來得了精神病。

雖然當年的邁爾被逼進了瘋人院，但今天人們仍然將他的名字與焦耳並列在能量轉化和守恆定律奠基者的行列。焦耳爲爭奪名利而導致的錯誤，也爲世人所譴責。

曠世巨作《飄》的作者瑪格麗特・米契爾說過這樣一句話：「一直要到你失去了名譽以後，你才會知道這玩意兒有多累贅，而真正的自由又是什麼。」盛名之下，是一顆活得很累的心，因爲它只是在爲別人而活著，從而失去了人活著的真正意義。

我們要想快樂，就要避免對名利的爭搶。因爲你每多得一份功名利祿，就會少一份輕鬆悠閒。一切名利，都像過眼雲煙，終究會逝去，人生最重要的，是要有一個溫馨的家和腳下一片堅實的土地。

〝想，教你們練習不生氣

Chapter 09

方法總比問題多

如果沒有好的思維習慣，就像大海上沒有指南針的航船，容易偏離目標。

38 方法總比問題多

Emotion 38

我們遇到困難的時候，我們總是埋怨事情不知道如何處理？往往覺得一籌莫展。其實方法總比問題多，只要我們動動腦筋。

在學習和生活中，如果我們遇到了難題，就應該堅持這樣的原則：找方法，而不是找藉口。成功者找方法，失敗者找藉口。方法總比困難多。討債本來是一件很麻煩的事情，下面一個例子就講述了王文強是如何巧妙地替公司要回了欠款。

十年前，王文強在一家建築材料公司當業務員。當時公司最大的問題就是如何討帳。產品不錯，銷路也不錯，但產品銷出去後，總是無法及時收到款。

有一位客戶，買了公司十萬元的產品，但總是以各種理由遲遲不肯付款，公司派了三批人去討帳，都沒能拿到貨款。當時王文強剛進公司上班不久，就和另外一位姓張的員工一起，被派去討帳。他們想盡了辦法。最後，客戶終於同意給錢，叫他們過兩天來拿。

兩天後他們趕去，對方給了一張十萬元的現金支票。

他們高高興興地拿著支票到銀行取錢，卻被告知，帳上只有九萬九千九百二十元。很明顯，對方又耍了個花招，他們給的是一張無法兌現的支票。第二天就要放春假了，如果不能及時拿到錢，不知又要拖延多久。

王文強突然靈機一動，於是拿出一百元，讓同去的小張存到客戶公司的帳戶裡去。這樣一來，帳戶裡就有了十萬元。他立即將支票兌了現。

當他帶著這十萬元回到公司時，董事長對他大加讚賞。之後，他在公司不斷發展，四年之後當上了公司的副總經理，後來又當上了總經理。

像這個故事一樣，尋找解決問題的方法雖然不是很容易，但方法總是有的，只要我們努力去思考。學習中的難題也是這樣。所以在學習中，如果我們遇到了難題，就應該堅持這樣的原則：找方法，而不是找藉口。

比爾・蓋茲曾說：「一個出色的員工，應該懂得：要想讓客戶再度選擇你的商品，就應該去尋找一個讓客戶再度接受你的理由，任何產品遇到了你善於思索的大腦，都肯定能有辦法讓它和微軟的視窗一樣行銷天下的。」

所以，只要努力去找，解決困難的方法總是有的，而這些方法一定會讓你有所收益。

相反，如果面對問題，而不是去積極解決問題，而是找種種藉口，這樣就會引起別人的討厭。

有一位剛畢業的女大學生，學識不錯，形象也很好，但有一個明顯的壞毛病就是做事不認真，遇到問題總是愛找藉口。

剛上班時，大家對她的印象還不錯。但是沒過幾天，她就開始遲到，辦公室主管幾次向她提出，她總是找了不同的藉口來解釋。

一天，主管安排她去大學送材料，要跑三個地方，結果她就僅僅跑了一個地方就回來了。主管問她怎麼回事，她說：「學校好大啊。我在收發室問了幾次，才問到一個地方。」

老總生氣了：「這三個單位都是學校著名的單位，你跑了一下午，怎麼會只找到這一個單位呢？」

她急著說：「我真的去找了，不信你去問收發室的人。」

老總心裡更火了：「我去問收發室幹什麼？你自己沒有找到地方，還要叫我去查，這是什麼話？」

其他員工好心地幫她出主意：「你可以找學校的總機問問那三個單位的電話，然後分別聯繫，問好怎麼走再去；你不是找到了其中的一個地方嗎？你可以向他們詢問其他兩個地點該怎麼走等等。」

誰知她卻一點也不理會同事的好心，反而氣憤地說：「反正我已經盡力了……。」

就在這一瞬間，老總下了辭退她的決心。

其實，解決這個問題的方法很多，老總讓她做的事情並不難，只要用心就好了。如果老總生氣後，她能夠想辦法補救也好，結果她拒絕了同事們的關心。

爲尋找方法而經常思考吧！它會帶給你意想不到的驚喜。合理的要求是鍛鍊，不合理的是磨練。

洛克菲勒也曾經一再地告誡他的職員：「請你們不要忘了思索，就像不要忘了吃飯一樣。」下面讓我們看看華人的首富李嘉誠是如何利用自己的智慧巧妙地解決問題的。

作爲華人的首富，李嘉誠的名字可謂家喻戶曉。李嘉誠的父親是位老師，他非常希望李嘉誠能夠考個好大學。然而，父親的突然去世，使得這個夢想破滅了。家庭的重擔全部落到了一個才十多歲的孩子身上，李嘉誠不得不靠打工來維持整個家庭的生存。從打工的時候起，他就是一個找方法解決問題的高手。

他先是在茶樓做跑堂的夥計，後來應聘到一家企業當推銷員。做推銷員首先要有好體力，這一點也難不倒他，以前在茶樓成天跑前跑後，早就練就了一副好腳力，可最重要的，還要千方百計把產品推銷出去。

有一次，李嘉誠去推銷一種塑料灑水器。一連走了好幾家都無人問津。一上午過去了，一點收穫都沒有，如果下午還是毫無進展的話，回去怎樣向老闆交代呢？

儘管推銷得不順利，他還是不停地給自己打氣，精神抖擻地走進了另一棟辦公樓。他看到樓梯上的灰塵很多，突然靈機一動，沒有直接去推銷自己的產品，而是跑到洗手間，往灑水器裡裝了一些水，將水灑在了樓梯裡。十分神奇，經他這樣一灑，原來很髒的樓梯，一下變得乾淨起來。這樣一來，立刻引起了主管辦公樓的有關人士的興趣，一下午，他就賣掉了十多台灑水器。

在做推銷員的過程中，李嘉誠都注意重視分析和總結。在做了一段時間的推銷員之後，公司的老闆發現：李嘉誠跑的地方比別的推銷員都多，成交量也最多。

由此可見，李嘉誠的奮鬥歷史，其實就是一個不斷用方法來改變命運的歷史。方法總比問題多，只要我們再問題面前保持頭腦清醒，我們就一定能夠找到解決問題的方法。

在大多數情況下，我們習慣對那些容易解決的事情負責，而把那些有難度的事情推給別人，其實這種思維常常會導致我們工作上的失敗。

生命是我們自己的，我們要想活得積極而有意義，就應該勇敢地承擔起生命中的重大責任。向困難挑戰，這是對我們生命的提升，也是讓人生價值最大化的一個快捷途徑，也只有這樣才能顯示你的能力和價值。

39

Emotion 39

抓住問題的關鍵

我們在解決問題時，很多時候抓不住問題的關鍵，自己一直在思考，卻沒有找到問題的要害，所以一直解決不了問題或使問題沒有得到合理的解決。

美籍華人諾貝爾物理學獎獲得者李政道，一次偶然聽了一位同事的演講，知道非線性方程有一種叫孤子的解。他找來了所有關於孤子的資料，仔細分析了一個星期，專門挑別人有的弱點。結果他發現，所有的文獻都是在研究一維空間的孤子的。而在物理學中，有廣泛意義的是三維空間。於是，他便圍繞這點進行研究，僅僅幾個月，就找到了一種新的孤子理論，用來處理三維空間的亞原子問題，獲得了許多成果。

事後，他高興地說：「在這個領域裡，我從一無所知，一下子趕到別人前面去了。」

可見，有時候解決問題的關鍵並不在於你懂多少理論，而是在於你能否找到問題的關鍵。

只有抓住了問題的關鍵，才能找到解決問題得正確方法。否則，即使你費了很大的努力，也是徒勞的。這其中的道理就像一把鑰匙開一把鎖，只有找到了合適的鑰匙才能打開那把鎖。

汽車大王亨利・福特，被譽為「把美國帶到輪子上的人」。一次，他想製造一種V8型的發動機。當他把這個想法告訴給工程師時，工程師們都認為這只能在圖紙上設計，但絕對不可能在現實中製造出來。儘管如此，福特仍然堅持說：「想辦法製造出來。」

工程師們很不情願地嘗試了幾個月後，他們給福特的回答是：「我們無能為力」。但福特還是讓他們繼續嘗試。一年多過去了，還是沒有結果，所有的工程師都覺得無論如何都應該放棄了。但福特仍然堅持必須做出來。

就在這時，有一位工程師突發靈感，竟然找到了解決辦法。

福特終於製造出了「絕不可能」成功的V8型發動機。

汽車大王亨利・福特能所以能知道他的工程師能研製出V8型發動機，關鍵他知道為他工作工程師的問題，就是被前人的說法所束縛，只有不斷施壓，才能逼迫工程師消除思想上的猶豫。汽車大王亨利・福特雖然自己不會研製，但是他能駕馭他的員工，這也是他成功的祕訣。

解決這個問題的關鍵就是這些工程師不敢突破常規，在他們的腦海裡，根深蒂固的思想就是這個東西做不出來，所以只有使勁加壓，才使他們能夠發揮出他們的潛能。

稻盛和夫的生意之所以能在松下的壓搾下獲得利潤，關鍵是他成功地找到了解決問題的關鍵。

稻盛和夫被日本經濟界譽爲「經營之聖」。他所創辦的京都陶瓷公司，是日本最著名的高科技公司之一。該公司剛創辦不久，就接到了著名的松下電子的顯像管零件U型絕緣體的訂單。這筆訂單對於京都陶瓷公司的意義非同一般。

但是，與松下做生意並非易事，商界對松下電子公司有這樣的評價：「松下電子會把你尾巴上的毛拔光。」

對京都陶瓷這樣的新創辦公司，松下電子雖然看中其產品質量好，給了他們供貨的機會，但在價錢上卻一點都不漂亮，並且年年要求降價。

對此，京都陶瓷的一些人很灰心，他們認爲：我們已經盡力了，再也沒有潛力可挖。再這樣做下去的話，根本無利可圖，不如乾脆放棄算了。但是，稻盛和夫認爲：松下出的難題，確實很難解決，但是，只要找出問題的關鍵，肯定是有辦法解決的。

於是，經過再三摸索，公司創立了一種名叫「變形蟲經營」的管理方式。其具體做法是將公司分為一個個的「變形蟲」小組，作為最基層的獨立核算單位，將降低成本的責任，落實到每個人。這樣一來，公司的營運成本大大降低，即使是在滿足松下電子的苛刻條件下，利潤也甚為壯觀。

有些問題的確非常頑固，想了許多辦法，仍無法解決。於是人們便產生了放棄的想法，但是如果我們能夠找到問題的關鍵，針對問題對症下藥，也許這個問題就很容易解決。

大家之所以沒有能解決問題，很大的原因是被複雜的問題迷惑了，不知道問題出在哪裡。只要我們明白了這個道理，我們就會更有信心。

40 換個角度思考問題

Emotion

世上的對與錯、是與非都只是相對的，沒有完全固定的模式，也沒有絕對的標準。

同一個問題，當別人認爲那是錯的時候而你卻一直堅持自己的觀點認爲那是對的。我們從不同的角度出發，就會得出不同的結論，就像盲人摸象，大家的觀點不同。一個問題既然有不同的思考方式，所以有時換個角度來思考或許就會有新的發現。

第二次世界大戰後，剛成立的聯合國因爲沒有合適的辦公地點而發愁。這時，洛克菲勒慷慨地將自己在紐約的一大片土地，無償地捐獻給了聯合國。聯合國的官員喜出望外，接受了這份饋贈，並且對洛克菲勒表示了深深的謝意。

難道洛克菲勒得到的僅僅是這些感謝嗎？不。早在給聯合國捐贈之前，他已經將所捐土地周圍的一大片土地買下來了。當聯合國的辦公地址一選定，周邊土地的價格就會立刻飛漲，除去所捐土地的成本，他還狠狠地賺了一大筆。

如果從捐贈土地的角度，洛克菲勒肯定是一筆不小的損失。但是他敏銳的洞察力確實讓人佩服。他的舉動不僅爲他贏得了好名聲，還爲他狠狠地賺了一筆。

立場不同，觀點自然也就不同。即使是真理，它也會隨著時間、條件以及環境等的改變而由絕對變成相對。換個角度看問題，也許你就能得到不一樣的答案，甚至是截然相反的答案都是有可能的，但有時也可能是我們正想要的答案。下面就是一個這樣的例子。

二十年前，在內蒙古一個偏僻、貧困的小村莊裡，有一位普普通通的年輕人。有一次，家人生了病，因爲沒有錢，根本就請不起醫生。萬般無奈之下，年輕人想向鄉親借錢給家人看病。然而走遍了整個村子，也沒能借到錢。不是鄉親們不願意借，而是因爲他們自己也很貧窮。

這件事，對年輕人的刺激很大。他覺得，要是再這樣在村裡呆下去，肯定是沒有希望的。於是，在十九歲那年，他帶著六個窩窩頭，騎著一輛破自行車，到八十公里外的城裡去謀生。

城裡的工作本來就不好找，加上他高中沒畢業，要找一份好工作更是難上加難。

他好不容易在建築工地上找到了一份打雜的小工。一天的工錢是十七元，對他而言只夠吃飯，但他還是想盡辦法要每天省下一元給家人。

儘管生活十分艱難，但他還是不斷地鼓勵自己說：「絕對不會永遠是這樣」。他渴望自己出人頭地。爲此，他下決心付出比別人更多的努力。兩個月後，他被提升爲材料員，工資加了一元。

靠比別人多付出，他初步站穩了腳跟。之後，他就開始重視方法。他認爲：要在新單位站穩腳跟，就要得到大家更多的認可，甚至成爲單位不可缺少的人。那麼，應該怎樣才能做到這一點呢？

左思右想後，他終於想到了一個小點子，工地的生活十分枯燥，他想，能不能讓大家的休閒生活過得豐富一點呢？想到這點，他拿出自己省下來的一點錢，買了《三國演義》、《水滸傳》等名著，認真閱讀後，就講給大家聽。這樣一來，晚飯後的時間，總是大家最開心的時間。每天工友們開心的笑聲，就是對他的極大獎賞。

沒有想到的是，一天，老闆來工地檢查工作，發現了他口才非常好，於是決定升他爲公關業務員。

一個小點子付之實踐之後就能有這樣的效果，他極受鼓舞。

對工地上的所有問題，他都抱著一種主角的積極心態去處理。夜班工友有隨地小便的習慣，怎麼說都沒有用，他想盡辦法讓大家文明上廁所。一個工友性格暴躁，喝酒後與承包商要打架，他想辦法平息衝突，盡量做到使各方都滿意……

這些都是小事，但主管都看在眼裡。慢慢的，他就成了主管得力的左右手。最有意思的一個時刻終於來到了。由於他經常主動找方法，他等來了一個創業的良機。有一天，工地主管告訴他，公司本來承包了一個工程，但是由於某些原因，難度太大，決定放棄。

作為一個凡事都愛想方法的人，他力勸主管千萬別放棄。主管看著他滿腔熱情，突然說了這樣一句話：「這個案子我沒有把握做好。如果你看得準，可以由你牽頭來做，我可以給你提供幫助。」

他幾乎不敢相信自己的耳朵，這不是給自己提供了一個可以自行創業的絕好機會嗎？他毫不猶豫地接下了這個案子，然後信心百倍地做了起來。

但遇到的困難是出乎意料的，光要通過的機關就有十七個。但是他還是想盡辦法，一個個都核准了下來，案子終於如期完成了。他也賺到了人生的第一桶金。在他進城五週年的時候，他計算了一下自己的家產，已經有整整三百萬元。

那個年輕人平時都很節儉，如果從他自己出錢買書這個角度來考慮，他肯定是不值得的，因為買書的錢畢竟花了他一年的積蓄。但是從積累財富的角度，它又是那樣值得，因為再多的錢也難買別人對你的信任和支持。

生活中，我們經常會聽到有人抱怨自己長得不夠漂亮，抱怨自己生長的環境沒有別人優越，抱怨自己最近總是事事都不順……乍聽之下，還真認為上天對她太不公平了，但仔細想一想，你為什麼不換個角度來看問題呢？容貌是天生的不能改變，但你為什麼不來展現你真誠的笑容，用你那顆善良的心讓更多的人感受到你的美麗呢？出生環境雖然不可以改變，但是自身環境是可以改造的；你雖然不能樣樣順利，但可以事事盡心，這樣一想，你的心情是不是會好很多呢？

人生的路上難免會有很多不盡如人意，只要我們不鑽牛角尖，換個角度看問題，我們就會有意料不到的收穫。對同一境遇，由於看問題的角度不同，我們會有截然不同的感受。如果我們能以積極樂觀的心態去面對人生的種種困難、挫折，相信你一定能夠走出逆境，迎來光明。

當我們覺得一件事情特別棘手的時候，我們可以換個角度想問題，或許這個問題並沒有我們想像得那樣糟糕。學會換個角度看問題，生活就變得更加美麗。學會多換幾個角度看待自己的人生，你就會更加理智地面對生活中的逆境和順境，那麼你也因此會發現人生原來別有一番滋味，另一道風景在等著我們。

4 改變你的問題，找出好答案

Emotion 41

一個問題，可以有不同的問法。把一個問題換一種問法，說不定你會有意料不到的結果。

在學校裡，你上學遲到了，如果老師對你嚴加訓斥，你會不服氣。但是如果老師把問題改爲：你家裡究竟出了什麼事情而耽誤了你上學？這樣的問法，你就比較容易接受。當然這只是一個簡單的例子，只是告訴我們一種解決問題的方法。

下面我們來看美國混合保險公司的創始人史東是如何利用這個方法來成功收購賓西法尼亞傷亡保險公司的，他神奇的地方就在於收購這樣一個大公司他並沒有花自己的一分錢。

有一天，美國混合保險公司的創始人史東聽到這樣一個消息：曾經生意興隆的賓西法尼亞傷亡保險公司，因爲經濟大蕭條發生了危機，已經停業。該公司屬於巴爾的摩商業信用公司所有，他們決定以一百六十萬美元將這家保險公司出售。

史東想了一個不花自己一分錢就可以得到這家保險公司的主意。這個想法實在太美妙了，美妙得讓他不敢相信。

於是他馬上帶領自己的律師，去與巴爾的摩商業信用公司進行談判。

「我想購買你們的保險公司？」

「可以，一百六十萬元。請問您有這麼多的錢嗎？」

「沒有，但是我可以向你們借。」

對方幾乎不相信自己的耳朵。史東進一步說：「你們商業信用公司不是向外放款嗎？我有把握將保險公司經營好，但我得向你們借錢來經營。」

透過一番對白，我們可以清楚地看到，史東買這家公司的主要難點是沒有錢，是要借錢。這個問題由賣公司轉變爲向誰借錢最爲合適。

在談判的過程中，史東巧妙地改變了他的問題，從而贏得了這次談判的勝利。當然，不可否認，史東之所以能夠找到這樣的方法，是因爲他對對方的底細非常瞭解。我們要知道先找到問題的關鍵，就能找到問題的答案。

我們往往習慣於沿著事物發展的正方向去思考問題並尋求解決的辦法。其實，對於某些問題，尤其是一些特殊問題，如果從結論往回推，倒過來思考，或許會使問題簡單化，使問題解決起來變得輕而易舉，甚至因此而有所新發現，創造出驚天動地的奇蹟來，這就是逆向思維和它的魅力。

逆向思維就是從最壞的打算出發和考慮，分析用這種方法解決問題的壞處，然後大膽去嘗試。這種方法有時候比正向思維更能激發我們的熱情。

龍小姐從學校畢業不久，就到了一家著名的飯店當接待員。工作不久，她就遇到了一個棘手的問題。

那天，有一位來自美國的客人焦急地向值班經理反映：來中國前，他就預訂了美國—日本—香港—北京—哈爾濱—深圳—新加坡的聯票。但是，由於當時疏忽，一張去哈爾濱的機票沒有及時確認，預定的航班被香港航空公司取消了。這一下子他著急了，他到哈爾濱是去簽訂合約。如不能及時趕到，將會造成很大的損失。

酒店的總經理當即安排龍小姐和另外一位接待員解決這一問題。他們一起到航空公司向售票員介紹了相關的情況，希望他能夠幫忙解決這一問題。

但售票員的回答卻是已經取消的航班和他們沒有關係。

龍小姐他們想到要重買一張票。但是一問，票已經全部賣完了。

於是他們再一次向售票員重申，這是一個很重要的外國客人，如果不能及時趕到，會造成很大的損失。但售票員的回答仍然是：「對不起，我也無能爲力。」

龍小姐問：「難道再沒有別的辦法嗎？」

售票員說：「如果是重要的客人，你們可以去貴賓室試試。」

他們立即趕到了貴賓室。但在門口卻被攔住了，工作人員要求他們出示貴賓證。這一下他們又傻了眼。

龍小姐不甘心，又向工作人員重申了一遍情況，但工作人員還是不同意讓他們進去。她突然動了一個念頭，於是問了一句：「假如買機動票，應該去找誰？」

回答是：「只有去找總經理。不過我勸你們還是別去找了，妳拿不到票的。」

碰了這麼多次壁，同去的接待員已經心灰意冷了。她想：要找總經理，那恐怕更是沒有希望。於是，她拉著龍小姐的手說：「算了吧，肯定沒希望了，還是回去吧，反正我們已經盡力了。」

那一瞬間，龍小姐也有點動搖了，但是她很快又否定了自己的想法，還是毫不猶豫地向總經理辦公室走去。見到總經理後，她將事情的來龍去脈講述了一遍。總經理聽完之後，看著她滿是汗水的臉，微微一笑，問：「妳從事這項工作多長時間了？」

得知她剛剛畢業，總經理被她認真負責的態度感動了，說：「我們只有一張機動票了，本來是準備留下來給其他重要客人的。但是，妳的敬業精神和對客人負責的態度讓我非常感動。票就給妳吧。」

當龍小姐把機票送到望眼欲穿的客人手上時，客人簡直是喜出望外。酒店的總經理知道這件事後，當著所有員工的面對她進行了表揚。不久，她就被破格提拔爲主管。

想到了見到總經理的最壞結果就是一無所獲，最多是拿不到票，甚至被總經理轟出來。但是只要自己心胸曠闊，也沒有其他的損失，龍小姐還是去了，結果令她喜出望外。可見，有時候逆向思維可以幫助我們找到最壞的結果，然後能夠幫我們判斷對於這樣的結果我們這樣做值不值得。

逆向思維最可貴的價值，就是在於它是對人們認識的挑戰，是對事物認識的不斷深化，並由此產生出「原子彈爆炸」般的威力。我們應當自覺地運用逆向思維方法，創造出更多的奇蹟，讓壞情緒出不來。

42

Emotion

化繁為簡的重要性

我們的一生，有時候並不像我們想像得那樣複雜。但是我們習慣把問題搞得很複雜，我們要抓住要點，盡量把問題簡化。

一九五四年，巴西的男女老少幾乎都一致認爲，巴西足球隊定能榮獲世界盃賽的冠軍。然而，天有不測風雲，足球的魅力就在於難以預測。在半決賽時，巴西隊意外地輸給了法國隊，結果沒能將那個冠軍獎盃帶回巴西。球員們比任何人都明白，足球是巴西的國魂。他們非常悔恨，感到無顏見江東父老。他們認爲球迷們的辱罵、嘲笑和扔汽水瓶子是難以避免的。

當飛機進入巴西領空之後，球員們更加心神不安，如坐針氈。可是，當飛機降落在首都機場的時候，映入他們眼簾的卻是另一番景象：巴西總統和兩萬多名球迷默默地站在機場，人群中還有兩條橫幅格外醒目：「失敗了也要昂首挺胸！」「這也會過去！」球員們頓時淚流滿面。總統和球迷們都沒有講話，默默地目送球員們離開了機場。

四年後，巴西足球隊不負眾望贏得了世界盃冠軍。回國時，巴西足球隊的專機一進入國境，十六架噴射式戰鬥機立即爲之護航。當飛機降落在機場時，聚集在機場上的歡迎者多達三萬人。在從機場到首都廣場將近二十公里的道路兩旁，自動聚集起來的人群超過了一百萬。這是多麼壯觀和激動人心的場面！

人群中也有兩條橫幅格外醒目：「勝利了更要勇往直前！」「這也會過去！」

這個世界上有很多事情都是難以預料的。想得太多反而會給你增加無窮的壓力。如果球隊的隊員想得太多，他們就會背上思想包袱。與其那樣，還不如選擇一條最簡單的道路，慢慢往前走，走到哪裡，再想辦法。人在生活無所適從的時候，選擇順其本性，也許不失爲聰明之舉。下面一個例子也說明了這個道理。

世界建築大師格羅培斯設計的迪士尼樂園馬上就要對外開放了，然而各景點之間的路該怎樣連接還沒有具體的方案。格羅培斯心裡十分焦急。巴黎的慶典一結束，他就讓司機駕車帶他去地中海海濱。

汽車在法國南部鄉間的公路上奔馳著，這裡漫山遍野都是當地農民的葡萄園。當他們的車子拐入一個小山谷時，發現那兒停著許多車子。原來這是一個無人把守葡萄園，你只要在路邊的箱子裡投入五法郎就可以摘一籃葡萄上路。據說這是當地一位老太太的葡萄園，她因無力料理才想出這個辦法。誰知在這綿延上百里的葡萄產區，總是她的葡萄最先賣完。這種給人自由，任其選擇的做法使大師深受啓發。

回去後，他給施工部拍了份電報：撒上草種，提前開放。在迪士尼樂園提前開放的半年裡，草地被踩出了許多小道，這些踩出的小道有寬有窄，優雅自然。第二年，格羅培斯讓人按這些踩出的痕跡鋪設了人行道。一九七一年在倫敦的國際園林建築藝術研討會上，迪士尼樂園的路徑設計被評爲世界上最佳設計。

這個例子形象地說明了：如果你認爲只有焦頭爛額，忙忙碌碌地工作才可能取得成功的話，那你就錯了。事情總是朝著複雜的方向發展，而複雜會造成浪費，效能則往往來自於單純。在你做過的事情中，可能絕大部分是毫無意義的，真正有效的活動可能只是其中的一小部分，而它們通常隱藏在繁雜的事物中。找到關鍵的部分，去掉多餘的東西，成功並不那麼複雜。

生活就是這樣。其實有時候有的問題很簡單，但是人們卻願意把它想得很複雜，反而給自己平添了很多煩惱。有些事情很簡單，只要我們順其自然就好了。

Chapter 10

壞習慣

播下一種習慣，收穫一種性格；播下一種性格，收穫一種命運。

如看不見的毒蛇

43 習慣的力量是驚人的

Emotion 43

習慣能載著你走向成功，也能讓你滑向失敗。良好的習慣有助於我們身心的健康發展和有效地掌握科學文化知識。壞習慣卻讓我們失去信心，玩物喪志。好習慣是人們走向成功的鑰匙，使人受益無窮；壞習慣則阻礙人們實現自己的目標，變成絆腳石。

你是不是也出現過這樣的感受，對著滿滿的一桌資料，卻不知道該如何下手。心裡總是感覺有做不完的事情，卻沒有一個做事的思路。這時的你該怎麼辦呢？就請嘗試一下把桌子收拾整齊，把所以的文件放起來，把重要的事情和緊急的事情放到桌面上，瑣碎的小事先暫且擱置到抽屜裡，再試試現在的感覺，一定感到輕鬆了很多吧。那你也一定從中感受到良好的工作習慣多麼重要。那就積極行動起來吧，向不良的工作習慣告別。

英國詩人波普說過這樣的話：「秩序是造物者的第一法則！」

卡內基曾經給他的學生講過這樣一個故事：

芝加哥某大公司的總經理，患了嚴重的神經衰弱症，向沙特拉博士求醫。

正在說話的時候，電話鈴響了，醫院有事找博士。他馬上處理，剛放下話筒，另一部電話又響了，只好離席去接電話，又是很緊急的事，不久，又有位同事找博士徵詢對某一重病號的處置意見。博士只好把客人晾在一邊長達十分鐘之久。當博士向總經理先生致歉時，奇蹟出現了。

總經理回答說：「沒關係，沒關係！醫生，從你的身上我一下子找到了自己的病根。回公司後，我將立刻改變自己的工作習慣。對了，臨走前，可否讓我看一下你的辦公桌抽屜？」

博士打開抽屜，裡面只有一些紙筆之類的事務性用品，而且少得可憐！患者疑惑地問道：「你未處理完的文件呢？未回的信函呢？」博士說：「全都辦完了！」

六個星期後，那位總經理盛情地邀請博士到他公司參觀，他完全變樣了，全身上下下沒有一點兒不適之處。他特地打開抽屜，對博士說：「以前，我有兩間辦公室和三張辦公桌，抽屜裡堆滿了未處理的文件，但既無暇也無心去處理它們。自從和你交談之後，我即將那些舊文件或報告書，全部作了清理。現在，我只用一個辦公桌，工作一來立即處理，絕不拖延積壓。所以，現在我已全無因延滯工作而帶來的緊張感和煩惱。」

豪威爾先生曾經是美國鋼鐵公司的董事。起初，開董事會總要花很長的時間——在會議裡討論很多很多的問題，達成的決議卻很少，結果，董事會的每一位董事都得帶著一大包的報表回家去看。後來，豪威爾先生說服了董事會，每次開會只討論一個問題，然後作出結論，不耽擱、不拖延。這樣所得到的決議也許需要更多的資料加以研究，也許有所作爲，也許沒有，可是無論如何，在討論下一個問題之前，這個問題一定能夠達成某種決議，結果非常驚人，也非常有效。所有的陳年舊帳都清理了，日曆上乾乾淨淨的，董事們也不必再帶著一大堆報表回家，大家也不會再爲沒有解決的問題而憂慮。

這就是好習慣使人終身受益的道理。

西北鐵路公司總裁羅蘭·威廉斯說過：「那些桌上老是堆滿東西的人會發現：如果把你的桌上清理乾淨，只保留與手頭工作有關的東西，這樣會使你的工作進行得更加順利，而且不會出錯。我把這一點稱爲好管家，這也是邁向高效率的第一步。」

白手起家的查理·魯克曼經過十二年的努力後，終於被提升爲派索公司總裁一職。當問及他成功的經驗時，魯克曼說：「就記憶所及，我每天早晨五點起床，因爲這一時刻我的思考力最好。我計劃當天要做的事，並按事情的輕重緩急做好安排。」

全美最成功的保險推銷員之一弗蘭克·內特格，每天早晨還不到五點鐘，便把當天要做的事安排好了，計劃是在前一個晚上預備的，他訂下每天要做的保險金額，如果沒有完成，便加到第二天的金額。

很多時候，恐怕我們並沒有弄清楚「忙」的真正意義。「忙」應該是在特定的時間段中朝著特定的目標進行不斷努力的生活狀態，忙碌可以使我們的生活充實，但是如果只是爲了向別人表明「自己很重要」而去忙，那就失去了真正的含義。人很容易掉到自己給自己設置的陷阱裡面去，通常這個陷阱都是由虛榮所造成的。

要想養成良好的工作習慣，需要做到以下幾點：

一、改變不良做工習慣的策略

改變不良的工作習慣，要做到今日事今日畢，切忌不可今天拖明天，明天拖後天，導致最後一事無成。

二、收拾乾淨辦公桌

這樣既可以使你心情舒暢，還可以知道自己到底有多少工作要處理，已經處理了多少，還有多少，做到心中有數。

三、做事要分輕重緩急

重要的事情先處理，小的事情後處理，這樣使有限的時間得到最合理地利用。

「一寸光陰一寸金」，很多人明白這個道理，只有高效利用時間，不讓時間白白流逝才是最重要的。但是，人往往具有某些惡習和不良習慣，這並不是生來就有，而是後天慢慢養成的。因此，我們應該努力改正，並堅決摒棄，否則，這些惡習會影響我們終生。

44

Emotion 44

疲勞，都是心理影響

人的生活中，習慣對人的影響顯而易見。習慣有多種，有好的，也有壞的。養成良好的習慣，才能收穫好的人生。

在每天的工作生活中，總會碰到很多的朋友說工作好累，生活好累。好像他們一直都處在疲憊的狀態，沒有讓自己真正地放鬆過。他們認為只要保證了時間，就保證了工作的進度。其實，不是這樣的。在我們感到疲勞之前，我們就要先休息。一小時的休息並不是在浪費生命，它能夠讓你多保持清醒的時間，使你能夠做更多清醒而有效率的事。

好萊塢一位電影導演傑克・查納克告訴人們，這種辦法確實可以產生奇蹟。幾年前他常常感到十分疲勞，什麼辦法都用過，喝咖啡、吃維他命和別的補藥，一概無濟於事。隨後，他試了這種方法，兩年後出現了奇蹟。他現在每天能多工作兩個小時，而且很少感到疲勞。

愛迪生認為他無窮的精力和耐力，都來自他能隨時想睡就睡的習慣。福特過八十大壽時說：「我能坐下的時候絕不站著，能躺下的時候絕不坐著。」

相關研究證實：預防「學習疲勞」的最好辦法，是在感到疲勞之前先休息。例如，吃過午飯後小睡十～二十分鐘，能夠防止下午經常出現的疲勞。若晚飯後再睡上十～二十分鐘，不但可以將學習時間延長，而且整個晚上的學習效率能顯著提高。

在二次大戰期間，邱吉爾已經六十多歲了，還每天工作十六個小時，指揮作戰，實在令人驚訝。他的祕訣在於他懂得休息。他每天早晨在床上工作到十一點，看報告，口述命令，打電話，甚至舉行很重要的會議。吃過午飯以後，上床睡一個小時。到了晚上，在八點鐘吃飯以前，他要上床睡兩個鐘點。其實，他並不是要消除疲勞，而是事先預防疲勞，因此他可以很有精神一直工作到半夜之後。

約翰·洛克菲勒也創了兩項驚人的紀錄：他賺到了當時全世界為數最多的財富，也活到九十八歲。他如何做到這兩點呢？最主要的原因當然是，他家裡的人都很長壽，另外一個原因是，他每天中午在辦公室裡睡半小時午覺。他會躺在辦公室的大沙發上。在睡午覺的時候，哪怕是美國總統打來的電話，他都不接。

丹尼爾·何西林說：「休息並不是絕對什麼事都不做，休息就是修補。」在短短的一點休息時間裡，就能有很強的修補能力，即使只打五分鐘的瞌睡，也有助於防止疲勞。

貝德漢鋼鐵公司佛德瑞克・泰勒工程師對產生疲勞的因素，做了一次科學性的研究。他認爲，工人不應該每天只能往貨車上裝十五噸的生鐵，而應該裝四十七噸，而且不會疲勞。

爲了證明這一點，泰勒還施密德先生來做試驗。他指揮一個工人來搬生鐵。工人拿起一塊生鐵，邊走邊休息。結果怎樣呢？別的人每天只能裝十五噸生鐵，而這位工人卻能裝四十七噸。研究發現，雖然休息的時間比工作時間還多，工作成績卻差不多是其他人的四倍。

棒球名將康黎・馬克說，每次出賽之前如果不睡一個午覺，到第五局就會覺得精疲力盡了。可是如果他睡午覺的話，哪怕只睡三分鐘，也能夠比賽完全場，一點也不感到疲勞。

我們的心臟每天壓出來流過全身的血液，足夠裝滿一節火車上裝油的車廂。心臟能完成這麼令人難以相信的工作量，而且持續五十、七十甚至可能九十年之久。人的心臟怎麼能夠受得了呢？哈佛醫院的華特・坎農博士解釋說：「絕大多數的人都認爲，人的心臟整天不停地在跳動著。事實上，在每一次收縮之後，它有完全靜止的一段時間。當心臟按正常速度每分鐘跳動七十下的時候，一天二十四時內，實際的工作時間只有九小時。也就是說，心臟每天休息了整整十五個小時。」

心理治療專家們都說，我們所感到的疲勞，多半是由精神和情感因素所引起的。英國最有名的心理分析家德費，在他那本《權力心理學》裡說：「絕大部分我們所感到的疲勞，都是由於心理影響。事實上，純粹由生理引起的疲勞是很少的。」

芝加哥大學的艾德蒙・傑可布森博士曾說，如果你能完全放鬆你的眼部肌肉，你就可以忘記你所有的煩惱了。在消除神經緊張時，眼睛之所以這樣重要，是因爲它們消耗了全身散發出來的能量的四分之一。這也就是爲什麼很多眼力很好的人，卻感到「眼部緊張」的原因。

保羅・山普桑就是一個很好的例子。以前，他的生活緊張忙碌，總是緊緊張張的，從不曉得使自己輕鬆一下。

他每天晚上下班回到家裡時，總是精神沮喪，憂慮重重，筋疲力竭。爲什麼？他每天早上總是急急忙忙起床，匆匆忙忙吃早餐，匆匆忙忙洗臉，匆匆忙忙穿衣，然後急忙開車上班，他緊緊抓住方向盤，彷彿它隨時會飛出窗外一般。他很迅速又緊張地上了一天班，然後匆匆忙忙趕回家，到了晚上，他甚至想急忙入睡。

他這種緊張生活實在太嚴重了。因此他向朋友求救。朋友建議他，隨時都要想到輕鬆——在工作、開車、吃飯、入睡之前，都要想到放鬆自己。

從那時起，保羅・山普桑就開始練習使自己身心放鬆。每天上床睡覺前，他並不急著入睡，而先使自己身體徹底放鬆，呼吸也傾向平穩。早上醒來後，覺得已得到了充分的休息。現在，他無論開車，還是吃飯，心情輕鬆了許多，爲了安全，他駕車提高警覺，但已不像以前那樣緊張了。

因此在疲勞之前先學會休息非常重要，休息就是在工作勞累的時候，在辦公桌上稍微趴下休息或者四處走走，放鬆心情。中午休息也很重要。如果你住在一個小城市裡，每天回去吃中飯的話，飯後你就可以睡十分鐘的午覺。如果你沒有辦法在中午睡個午覺，至少要在吃晚飯之前躺下來休息一個小時，這比飯前一杯酒要便宜得多了。

我們做任何事情都要放鬆，精神過度緊張容易導致疲勞。所以無論做任何事情，我們都要調整好心態，學會把事情看得平淡，不要每天都生活在緊張的氣氛中。

45

Emotion 45

猶豫，是最危險的仇敵

當我們有了行動的目標，我們就要抓緊行動。猶猶豫豫，只會使我們把機會留給別人。

大家都有這樣的經歷：當我們想買一件新衣服的時候，但是因爲價錢貴而猶豫了一陣子，結果當我們再次來買的時候，去發現它已經賣出去了，因此有點失望。這個例子雖然簡單，但是有時，發生在我們身邊的事情，跟買衣服的例子是一樣。

當我們遇到事情拿不定主意的時候，我們往往會東張西望，結果一眨眼，就錯了做事情的最佳時機。所以，當我們把問題考慮成熟之後，我們就要趕緊行動，而不要再猶豫了。

從前，有一位很有名的哲學家，迷倒了不少女孩。

有一天，一個女孩來敲他的門，說：「讓我做你的妻子吧！錯過我，你就找不到比我更愛你的女人了！」

哲學家也很喜歡她，但他仍然回答說：「讓我考慮考慮。」

然後，哲學家用他研究哲學問題的思想，把結婚和不結婚的好處與壞處分別列了出來。他發現，這個問題有些複雜，好處和壞處差不多一樣多，真不知道該如何決定。

最後，他終於作出了一個結論：人如果在選擇面前無法作決定的時候，應該選擇沒有經歷過的那一個。

哲學家去找那個女孩，對她的父親說：「您的女兒呢？我考慮清楚了，決定娶她。」

但是，他被那個女孩的父親擋在門外。他得到的回答是：「你來晚了十年，我女兒已經是三個孩子的媽媽了！」

哲學家幾乎不能相信自己的耳朵，他難過極了。

兩年後，他得了重病。臨死前，他把自己所有的書都扔進火裡，只留下一句話：「如果把人生分成兩半，前半段的人生哲學是『不猶豫』，後半段的人生哲學是『不後悔』。」

可見，猶豫的確會使我們錯失很多的機會。所以，當我們考慮清楚之後，我們就要立刻行動起來。

士光敏夫是日本經濟界鼎鼎有名的人物。他在重整東芝公司時，曾經遇到了資金不足的問題。當時正是戰後，要籌到資金的確非常不容易。他去某家銀行申請貸款，但主管貸款的部長對他十分冷淡。

經過他的不斷努力，部長的態度才稍微有所好轉，但對貸款問題卻絕不鬆口。但是資金問題不能再拖了，否則公司將不得不全線停工。士光敏夫決定破釜沉舟：「怎麼也得迫使部長就範！」

他讓祕書給他找了一個大包包，在街上買兩盒便當放在裡面，然後趕到銀行。一見部長，他就開始說服，希望提供給他貸款。但對方就是不鬆口。

雙方展開了一場舌戰，不知不覺已接近下午下班的時間了。當營業部的下班鈴聲拉響的時候，部長如釋重負，提起公文包準備回家吃飯。

不料這時，士光敏夫卻從袋子裡拿出兩個便當：「部長先生，我知道你工作很辛苦，但是爲了我們能夠長談，我特意把飯準備好了。希望你不要嫌棄這寒酸的便當。等我們公司好轉後，我們再感謝你這位大恩人。」

面對他的這份耐心，部長無可奈何。也正是他表現出的這份堅毅，使部長產生了對他的貸款有信心，最終批准了他的貸款申請。

倘若你沒有樹的偉大，但你可以有草的純樸；如果你沒有牡丹的高貴，但你可以有小野菊的灑脫。生命可以不偉大，但必須發光。而把握好生命，就把握好了發光點。當我們遇到機會的時候，就應該緊緊抓住，不要猶豫。

46 草率行事，只能草率收場

Emotion 46

們有時候做事情不能太著急，太著急就容易出問題。我們時刻要有一顆平常的心態，考慮事情要周全，然後再下手。

著名的發明家愛迪生說過這樣一段話：「有許多我自以爲對的事，一經實地試驗之後，就往往會發現錯誤百出。因此，我對於任何大小事情，都不敢過早的決定，而是要經過仔細權衡後才去做。」

一個報社的記者奉命去採訪一個事件。這次採訪工作本來是有相當難度的，可是當上司問他有沒有問題時，這位記者卻不假思索地拍著胸脯回答說：「沒問題，包你滿意！」

過了三天，沒有任何動靜。上司追問他採訪工作的進展如何，他才老實地說：「不如想像的那麼簡單。」當時上司雖然什麼話都沒有說，對他已形成了做事草率的印象，並且開始對他有些反感。由於他工作的延誤，導致整個部門的工作都無法正常完成。後來，上司再也不委託他做重要的工作了。

如果他事先仔細思考一下，好好考慮一下工作有沒有困難，就不會出現這樣的結果了。可是他卻輕率了答應了下來，結果卻沒有完成任務，中間也沒有跟主管報告，最後導致整個部門的行動都受到影響。從上面的例子可以看出，我們一定要三思而後行。

在現實中我們也會這樣的情況：有的人在遇到事情時不加考慮急於去做事後，做完後又後悔不已，給人留下一種草率的感覺。而有的人做事比較穩重，做事之前先仔細考慮，這樣他做事的成功率比較高，也會給人留下成熟穩重的印象。因此，在生活中，我們會常常看到這樣的情況，在接受某個任務、某個工作安排前，或者在答應幫助別人做事時，明智的人總是會這樣回答對方：「這事，我先考慮一下。」

在美國有個家庭主婦，有一個朋友介紹她到某個銀行去存錢，這個主婦對她的朋友說：「這家銀行的信用如何我不大清楚，能讓我考慮一下嗎？」

這個主婦在考慮的這段時間，她注意搜集了一下有關這個銀行的訊息，並在一個聚會上見到了這個銀行的董事長。主婦發現這個銀行的董事長精神不振，不是一副事業得意的樣子，主婦從這個很小的細節裡，就瞭解到了這家銀行並不景氣。於是，把錢存進了另外一家銀行，過後不久，朋友介紹的那家銀行就倒閉了。

如果這位主婦遇事不思考，輕率地把錢存到那家快要破產的銀行，其結局可想而知。

我們每個人都無法預知未來，所以很多事情成功與否常常取決於我們是謹慎小心還是魯莽草率。當你遇到問題難以決定時，先不要盲目行動，而要仔細地考慮斟酌一番。

有些人之所以失敗，就敗在缺乏思考。在遇到事情前，你要先問問自己：是否已經把該考慮的事都想到了？有沒有什麼遺漏？這件事是不是可行等等。我們只要把事情考慮得周到、考慮得透徹，自然做事就會又準又快，理所當然地就會成功。

41 不要輕易向別人許諾

Emotion

承諾的時候，一定要想想自己能不能夠實現諾言，做不到的事情，我們就不要輕易地承諾。因為我們不能夠失信，如果失信的話，那當初還不如不許諾。

答應諾言的時候，我們要量力而行，不要透支自己，更沒有必要給自己帶來無謂的壓力和負擔。

暑假時，四歲的小外孫來和奶奶住了一段時間。外孫很乖，每天睡覺前都要和奶奶說晚安，不時的還和奶奶吻一個、擁抱一下。祖孫倆朝夕相處，感情很深。

外孫要走了，奶奶有些不捨，對他說：「維克托，把你的擁抱和吻都給我留著吧。等你下次再來的時候，一起送給我，好嗎？」

維克托摟著奶奶的脖子，認真地說：「我答應你，我會把吻和擁抱都給您留著的。」

幾個星期後，奶奶突然接到女兒的電話：「媽媽，怎麼維克托變化這麼大？每當我要擁抱他、要親吻他的時候，他總是拒絕；晚上睡覺前也不說晚安了。我問他爲什麼，他總是不回答我。這是怎麼了？」

奶奶心裡有些不高興：這與我有什麼關係？難道是我把他帶壞了？

突然，奶奶想起了維克托對她的承諾，她笑了。她給女兒解釋了她和維克托之間的約定，對女兒說：「沒想到，我隨便說的一句話，他竟然當真了。」

所以，我們不要輕易給別人許諾，尤其是對孩子。只要我們許諾了，我們就要努力做到，忘記別人對自己的承諾和忘記自己對別人的諾言一樣，都是背棄。承諾有時就像一種負擔，壓在沒有實現諾言人的心頭。相反，如果我們實現了那些諾言，我們就會覺得心情輕鬆，精神愉快。

有一段時間花花對坐船特別感興趣，朋友到家裡來玩，臨走時對花花說：「明天阿姨帶你去坐船好不好。」花花回答：「好的。」其實，朋友只是逗逗花花，隨口說出來的。當時，大家都認爲花花年紀這麼小，明天肯定不會記得了，沒想到第二天花花卻經常提起阿姨，可是阿姨一整天都沒有來。過了幾天阿姨來看花花，花花不讓她抱，阿姨舊話重提：「阿姨明天帶你坐船船好不好？」花花說：「不要。」阿姨說：「哇，上次說帶她去沒有去，生氣了耶。」

還有一次早上花花的爸爸要去上班，花花纏著爸爸哭啼啼不肯讓走。爸爸於是對著花花說：「爸爸不去上班要被開除的。」花花：「不要。」爸爸又說：「老師說小朋友要聽話的，花花聽爸爸的話，好不好？」花花：「不好。」爸爸想了想花花那段時間比較喜歡畫畫，所以就說：「爸爸上班可以賺錢，賺了錢給花花買畫筆好不好？」花花說：「好的。」花花痛快地朝爸爸揮了手「拜拜」，終於放行了。可是一天工作太忙了，下班後爸爸竟忘了給花花買畫筆，這下把花花惹火了，哭了一個晚上。

不要輕易許諾，尤其是不能夠實現的諾言，那樣會使雙方受到傷害，同樣也會給你帶來很大的精神壓力。

Chapter 11

找出自己

真正成熟的表現不會逃避責任，而是想盡辦法克服困難。

真正的價值

48

Emotion 48

為失敗找藉口，是下意識地逃避

也許聽過許多人把失敗的原因歸咎於未上過大學，其實對這些人中的一部分來說，即使他們真的上了大學，他們仍能為自己找出許多理由。

那天的風雪很猛，外面像是有無數發瘋的怪獸在呼嘯廝打。雪惡狠狠地尋找襲擊的對象，風嗚咽著。

大家坐在教室裡都在喊冷，讀書的心思似乎已被凍住了。一屋的跺腳聲。鼻頭紅紅的歐陽老師擠進教室時，等待了許久的風席捲而入，牆壁上的《學生守則》一個跟頭栽了下來。

往日很溫和的歐陽老師一反常態：滿臉的嚴肅莊重甚至冷酷，一如室外的天氣。亂哄哄的教室突然安靜了下來，我們驚異地望著歐陽老師。

「請同學們穿上膠鞋，我們到操場上去。」「我們要在操場上立正五分鐘。」

操場在學校的東北角，北邊是空曠的菜園，再北是一個大的池塘。那天，操場、菜園和水塘被雪連成了一個整體。人走出去，臉上像有無數把細窄的刀在拉在劃，厚實的衣服像鐵塊冰塊，腳像是踩在帶碎冰的水裡。

大家都擠在教室的屋簷下，不肯邁向操場半步。

歐陽老師沒有說什麼，面對我們站定，脫下羽絨衣，毛線衣脫到一半，風雪幫他完成了另一半。「到操場上去，站好！」歐陽老師臉色蒼白，一字一字地對我們說。

誰也沒有吭聲，大家老老實實地到操場排好了三列縱隊。

瘦削的歐陽老師只穿一件白襯褂，襯褂緊裹著的他更顯單薄。

後來，我們規規矩矩地在操場站了五分多鐘。

在教室時，同學們都以為自己敵不過那場風雪，事實上，叫他們站半個小時，他們頂得住，叫他們只穿一件襯衫，他們也頂得住。

上面這個故事告訴我們一個道理：生活中的許多困難，其實並不像我們自己想像的那麼嚴重。

人的一生不可能不遇到困難。有的人在面臨困難時，他們無所畏懼，百折不撓，將困難視為生活的一種考驗，並使之轉化為一種積極有利的因素；而有些人遇到困難，則會畏懼退縮，為之折服，並且抱怨，他們把困難當作是一種無法逾越的障礙，甚至是人生的一種不幸。

卡內基認爲，那些不成熟的人，總是把自己和別人的不同之處當作障礙。渴望別人對自己特別加以考慮。相反，那些成熟的人，能認清自己不同於他人的特徵。或者改進自己的不足，以求進步。

哈利的兒子，長的高大英俊，就是自小患有口吃的毛病。這男孩在學校裡的成績一向很好，也很受同學們的歡迎。從小學開始，父母就爲他找過許多心理學專家和口吃治療專家來幫忙，卻沒有什麼成效。

一天，男孩回家告訴父母，說是他將代表全體畢業學生在畢業典禮上致辭，男孩並興致勃勃地立刻開始準備講稿。男孩的父母也提供不少意見幫助他準備講稿，但一直都沒有提到該如何在演講時避免口吃這個老毛病。

畢業典禮終於來臨。當天晚上，男孩起立開始發表演講。他站的挺直、端正，會場觀眾都鴉雀無聲地注視他，因爲許多人都知道男孩患有口吃的毛病。男孩一開始講的很慢，但很有信心，接著便很順利地把十五分鐘的講演說完，沒有絲毫遲疑的地方。等他講完之後，全場報以熱烈掌聲，因爲大家都知道，這男孩是如何努力克服自己的缺陷和困難，理當得到應有的讚賞。

一個不成熟的人隨時可以把自已與與眾不同的地方看成是缺陷，是障礙，然後期望自已能受到特別的待遇。成熟的人則不然，他會認清自已的與眾不同，然後接受它們，加以改進。

很多人都認爲貧窮是一個災難。但是成熟的人們卻把貧窮當作一筆財富。美國總統赫伯特・C・胡弗是愛荷華一名鐵匠的兒子，後來又成了孤兒；IBM的董事長托馬斯・沃森，年輕時曾擔任過簿記員，每星期只賺兩美元。這些著名的成功人士，都沒有認爲貧窮是他們的障礙。他們把所有精力都用在工作上面，因此根本沒有時間去自憐。

一八五八年，瑞典的一個富豪人家生下了一個女兒。然而不久，孩子染患了一種無法解釋的癱瘓症，喪失了走路的能力。

一次，女孩和家人一起乘船旅行。船長的太太給孩子講船長有一隻天堂鳥，她被這隻鳥的描述迷住了，極想親自看一看。於是保姆把孩子留在甲板上，自己去找船長。孩子耐不住性子等待，她要求船上的服務生立即帶她去看天堂鳥。那服務生並不知道她的腿不能走路，而只顧帶著她一道去看那隻美麗的小鳥。

奇蹟發生了，孩子因爲過度地渴望，竟忘記了要拉住服務生的手，慢慢地走了起來。從此，孩子的病便痊癒了。女孩子長大後，又忘我地投入到文學創作中，最後成爲第一位榮獲諾貝爾文學獎的女性，她就是茜爾瑪・拉格蘿芙。

因此，面對困難，我們只要有一種不服輸的精神，我們就有獲得成功的機會。假如我們一開始就被困難打倒了，那麼我們的人生將是一部悲劇。

我們遇到困難是在所難免的，關鍵是我們要做好充分地準備，來迎接困難和挑戰。

總之，失敗並不像我們想像中的那樣不可戰勝，只要我們有一顆積極向上的心，什麼困難我們都能克服。

49 Emotion 抱怨是慢性毒藥

挫折發生時，是不是你的第一個念頭就是：「完了，這下沒救了。」然後接著抱怨你所遇到的各種不稱心的事情。如果是這樣的話，那就很難逃脫悲觀的詛咒。

一位猶太作家認爲：積極的自我形象是走出貧民窟、危機和不幸童年的門票。她認爲只有將不利因素轉化爲有利因素，從苦難中找到成功的動力，才是人類成功的原因，它給人們以動力。抱怨是慢性毒藥，將會銷弱你的實力。

哥達・梅和艾恩・蘭達都自年幼時便在俄國革命時不斷地與死亡抗爭；瑪麗亞・卡拉斯從飽受戰爭蹂躪希臘的飢餓中掙扎過來；瑪格麗特・撒切爾少年時代在二戰炮火襲擊的英格蘭倖免於難。這些婦女都從年少時所失去的和所遭受的危機中學到了東西，並以此作爲鞭策動力，她們能將不利因素轉化爲積極因素以構建伸縮自如的自尊。

可見，逆境本身並不是一種災難，只要我們不屈從於逆境，它就會成爲我們向上攀登的階梯，成爲人生的祝福。

拿破侖．希爾也是透過克服困難才走向成功之路的。在他還是孩子的時候，父親就給他找了個繼母。他的繼母出身較好，而他家卻很貧困。他的父親向他介紹完繼母的情況後，告訴他要尊重她。而希爾卻在心裡一點也不服氣。等到第二天，他的繼母親切地走到他面前，托起他的小腦袋，和藹地說：「你不要害怕貧窮，貧窮只是一時的，只要你對生活充滿信心，生活就會慢慢好起來的。」

希爾內心的反感頓時煙消雲散，衝著這句充滿信任的話，他與繼母友好相處。在此之前，沒有人像她那樣稱讚希爾。也就是繼母的這句話，幫希爾克服了貧窮造成的自卑的心理，成就了一位偉大勵智學家的誕生。

壓力可以轉換成動力，但是壓力變成動力，需要一個轉化的條件，那就是壓力的承受者有承受壓力的能力。若是沒有這個條件，壓力就會變成真正的阻力。只有有面對困難不怕吃苦的精神，才能有明天的成功。

卡內基曾經說過：「生活中最重要的，就是不要以你的收入爲資本，任何一個傻子都會這樣做。真正重要的，是從你的損失中受益。這就需要聰明才智，而這一點也正是聰明人和傻子的區別。生活中的快樂大部分並不是來自享受，而是來自勝利。這種勝利來自於一種成熟感，來自於一種得意，也來自於我們能將檸檬做成檸檬汁。」

因此不論是貧是富，人生總有一些責任是不可免的。給人生一副擔子雖然沉重，需要毅力，但挑起來了，那裡面便是希望。有了希望，也就有了未來。

「奇蹟總在厄運中出現」，「以迂爲直，以患爲利」的思想，都給我們留下了一個思考的空間。偉人之所以偉大，關鍵在於當他與別人共處逆境時，別人失去理智，他則下決心實現自己的目標。我們要停止抱怨，埋怨不能解決任何問題。只有積極努力，才是硬道理。

習慣尋求別人的認同，等於放棄了自己

世界上的很多東西都是獨一無二的，我們人也是一樣。

我們活著的每一秒都是獨一無二的。我們不要凡事都要尋求別人的認同，那樣就等於放棄了自己。因此，我們要好好地珍惜自己。

美國一個名人這樣認爲，每一個人的人生經歷都是獨一無二的，要想獲得成熟的智慧，就必須認識並理解這個事實，這是一座引導我們和我們的同胞之間進行溝通的橋樑，不管怎麼樣，每天都要創造一段孤獨的時光，拋棄一切電話和擾人事物，這是我們探索自己的生活，信念的行動所必須做到的。有誰願意被習慣和惰性的枷鎖套住，而整天沉悶無望地苟且活命呢？但是我們已經被活活地埋在習慣和無聊的事物裡面，只有透過異常的努力，才能把我們解救出來。

美國鋼鐵大王卡內基小的時候家裡很窮。有一天，他放學回家的時候經過一個工地，看到一個老闆模樣的人正在那兒指揮蓋一幢摩天大樓。

卡內基走上前問：「我長大後怎樣才能成爲像您這樣的人呢？」

「第一要勤奮……」

「這我早就知道了，那第二呢？」

「買件紅衣服穿。」

卡內基滿腹狐疑：「這與成功有關嗎？」

那個老闆模樣的人指著前面的工人說：「有啊！你看他們都穿著清一色的藍色衣服，所以我一個都不認識。」說完，他又指著旁邊一個工人說：「你看那個穿紅衣服的，就因爲他穿得和旁人不同，這才引起了我的注意，我也就認識了他，發現了他的才能，過幾天我會給他安排一個職位。」

穿紅衣服的工人獲得了老闆的認可，這其實是他自己向老闆的一次成功營銷。所以這對我們的營銷工作也很有啓發意義。

其實，不論我們每個人是正常人還是身有殘疾，我們在這個世界上都是獨一無二的，我們要好好珍惜我們在這個世界上所擁有的一切。

艾莫·赫姆出生在俄亥俄州的亨特維，當時他的醫師如此說道：「這嬰兒活下來的機會不大。」但是赫姆還是活下來了。雖然九十年來，他因右半身嚴重受傷而時常痛楚不已，但他還是沒有向死神屈服。由於他不能從事勞力工作，便轉而努力閱讀。一八九一年，也就是他二十八歲的時候，他成了衛理工會的傳道士。他曾歷經兩次致命的事故，都沒有因此而失去信念，反而引起有名的巧克力製造商約翰·惠勒的注意，給他經濟上加以援助。幾個月之後，這位倒在死神門口的傳道士，順利地出了院。

艾莫·赫姆開始興建教堂、募集傳道基金，並幫助當地的學校和醫院。這名「單肺傳教士」募集了將近三百多萬美元，已從事他認爲有意義的慈善活動。到了六十九歲的時候，他告老退休，但還是繼續不斷工作。他又舉辦了上千次的講道、寫了兩本書、爲教會和其他慈善機構募集了五十萬美元，並且擔任二十餘所專業學校的董事，個人並曾捐助五萬美元以興建在加州大學附近的一所教會。

艾莫·赫姆準確認清了自己在這個社會上的位置，並利用自己具有的條件，成功地度過了自己的一生。我們每個人在這個世界是只有一個，我們每個人都有自己的位置，只要我們能夠準確定位，我們能就會取得滿意的成就。

戴絲身材瘦小、已經七十四歲了，她一度坦然承認不知道如何度過自己的餘生。

戴絲當過教師，直到強制退休停止。她的儲蓄不多，因此必須時時保持忙碌，這對經濟和精神上都十分重要。由於她曾擔任過教師，有很多教學經驗，因此便到各個幼稚園去講故事。她的故事都經過特別挑選，並且用幻燈片來加強效果。

後來她碰到了她的一個老朋友，這個人給了她莫大的鼓勵。戴絲開始了她的晚年事業。她知道，年紀並不是一種障礙或缺陷，相反的，由於多年的教學經驗，她現在更有能力把故事講得更好，更動人。

她先去找「福特基金會」，因爲這個組織一直很積極推動文化工作。她把計劃寫下來，內容包括許多爲幼稚園學童所設計的故事節目。她不僅用口講，並且做出影片讓大家看，因此很容易被接受。她充滿溫馨和富有戲劇性的講述方式，使她大受歡迎。

如今，這名女學員已把熱忱和信心帶到美國各地，並把歡樂帶給成千上萬個孩童。

人，活在世間，首先就要肯定自己，相信自己。「天生我材必有用」，沒有人能夠像你一樣活出你自己，別人能做到的，我也一樣能做到。相信我們自己在這個世界上都是獨一無二的，我們每個人都有自己的位置，習慣地尋求別人的認同，就等於間接放棄了我們自己。相反，只要我們找到了自己的位置，加上我們的努力，我們就能取得成功。

51 凡事淺嘗輒止，最終一事無成

Emotion 51

一些人不是不願意為了自己的理想付出努力，但是，卻總希望只付出一點努力就取得成功。他們做任何事情，總是淺嘗輒止。

齊拉格說得好：「只有失敗者希望馬上成功。最佳行爲者懂得，成功是透過從部分成功中吸取經驗而一步步取得的。因此，任何事情在沒有做好之前都要努力去做。」

三年前，她還是一個大四的學生。暑假前，有一家美國機構的中國區總裁，到她所在的大學做了一場大型講座。講座內容十分出色，激發了她許多想法。她一邊聽講座一邊根據自己的感受寫了一篇文章，講座結束時，她突然有一個衝動：把自己寫的這篇文章送給那位總裁看看。

這個念頭一出現，她就立刻又猶豫了：我行嗎？不會因此而丟臉吧？

但轉念又一想：丟臉就丟臉吧，反正以後可能再也見不到他了！於是在眾人的目光之下，她把這篇文章交給了總裁。沒想到，兩天之後，她突然接到了這位總裁打來的電話，告訴她說這篇文章寫得很好，希望她寫出更多這樣的好文章。

不久，她就開始實習了。她突然又有了一個新的想法：去北京實習，將來到那裡發展！可是在北京，她沒有熟人，唯一認識的就是這位總裁。於是她想，能不能找他呢？這時，她又一次有了畏懼的念頭，那個「我不行」的想法，又開始在她頭腦裡打轉了。但是她還是一咬牙，向這位總裁表達了自己的願望，並希望他能幫忙聯繫一個新聞出版單位。

沒想到，這位日理萬機的總裁，對她這種主動的精神十分欣賞，很快幫她聯繫到了一家著名的報社，並鼓勵她發揮特長，走向成功。不到兩個月的實習，她就發表了好幾篇有份量的文章。在實習表上，報社給了她非常好的鑑定意見。畢業時，這份鑑定和她發表的文章，對她應聘起到了很積極的作用，北京一家出版社很快就錄用了她。

正是有著這種「我能行」的堅定信念，她做得十分出色，很快成爲公司的重要人物，三年的時間就成爲了行內有名的年輕編輯。

其實，很多時候，只要你帶著自信去敲門，就會發現它比你想像的更容易打開。我們只要付出自己的努力，就一定會取得成功的。

52 學會改善他人情緒

Emotion 52

我們身邊親人朋友情緒低落，甚至傷心痛哭時，我們往往手足無措，不知如何安慰，只能默默坐在一邊乾著急。有什麼辦法能夠幫助我們撫慰對方的心理創傷，給予有效的幫助呢？

在現代快節奏的生活工作中，人人都會感到工作的壓力，導致情緒不佳，心情不愉快。當聽到別人吹捧和讚美時，能使人感受到心情的愉快，一定程度上可以緩解工作的壓力，給他人帶來快樂，激發和鼓勵他做事的效率，最大限度的發揮他的力量。

凱瑞來到紐約，想開創一番演藝事業。來到這裡後，她不得不和更有天分的男女競爭，結果並不很好。她覺得和其他年輕人相比，她並不是能在演藝界獲得成功的人才。爲此她煩惱了好幾個星期，晚上睡不好。最後終於告訴了父母。父母仔細地開導她，告訴她條條大道通羅馬，告訴她不用著急，現在她還年輕，年輕就是本錢，一切可以從頭開始。在父母的勸說下，她又重新鼓起了勇氣，決定重返校園。

從上面的例子可以看出，一個人把焦慮憋在心裡，不告訴任何人，就會造成精神緊張。我們都應該讓別人來分擔我們的問題。父母和同學以及老師都會向我們伸出援助之手的。這個例子告訴我們，改善他人的情緒就要從最根本的地方出發，找到對方的心結，這樣才能收到好的效果。

生活中的人們總是出於關愛而幫助自己的親朋好友。作爲安撫者，我們應該對對方積極關注，給予無條件正向關懷。無條件正向關懷是指我們要給予對方堅定的正向情緒關懷，幫助他留意美好的事物，一切向理智樂觀的方向看齊。因此，無論你在撫慰中多麼投入，都不要悲觀失望，要一直給對方以希望，這樣才有利於情緒的平復。

那麼，又應該怎樣做呢，才能夠做到有的放矢？

一、學會傾聽

傾聽，是最重要的一點。當人們情緒起伏較大需要適度的宣洩時，有個好聽眾就是有了一個最佳宣洩渠道，那就讓我們靜下心來聽他說話，並適度做出回應，引導他理清頭緒。

二、學會讚揚對方

生活中絕大多數人都喜歡別人讚揚，也善於讚揚別人，哪怕是一些小事，別人做了，也會看在眼中，不惜用華麗的辭藻對他人大加讚揚。享受別人的讚揚，渴望得到別人的撫慰與鼓勵是人們的共性。學會吹捧、讚美別人，是人與人之間交往的一種美德。善意的把自己內心的真實感受實實在在地表達出來，並不是一件壞事。善意的讚揚能調節心理壓力，改善人們之間的關係，使人快樂，別人快樂了，自己也會從中得到快樂，學會讚揚別人何樂而不爲呢？

三、其他建議

我們還可以利用以下幾點來改善對方的情緒，例如學會換位思考、充滿愛心、富有同情心、誠信正直、善於合作、樂於吃虧等。

處理人際關係這是一本厚厚的天書，我們有的人一輩子要走向最終點的時候，這本書還沒讀透。我們遇事要樂觀豁達，善於自找樂趣，自找樂子。你的心情如何，樂觀還是悲觀，是獲得情商的重要因素，所以有人講，樂觀會反敗爲勝，悲觀可能反勝爲敗。

53

Emotion 53

留下良好的第一印象

的一切人際交往幾乎都是從與陌生人打交道開始的。如何能給人留下一個良好的第一印象非常重要，它是邁向成功交際的第一步。

心理學上把彼此陌生的人初次見面時所形成的直觀感覺叫第一印象。良好的第一印象是交往成功、人際關係和諧的良好開端。因此在與人初次交往過程中，要注意給人以良好的第一印象。

米爾頓・馬文是湯姆・詹姆士是服裝公司的董事長。當他還是該公司一名普通的銷售人員的時候，他曾經運用精彩的開場白給客戶們留下了非常深刻的印象。米爾頓在見到客戶時從來不會像其他銷售人員那樣拘謹地說上一句：「您好，我是公司的銷售人員……。」他會經常這樣與自己的客戶開始談話：「先生，我來這裡的原因是因爲我要成爲您的私人服裝商。我知道您在我這兒買衣服，是因爲您對我、我們的公司或者對我們公司的產品有信心。而我所做的事情就是要使您的這種信心得到不斷增強，我相信自己能夠做到這一點。您一定希望對我有所瞭解，那麼請允許我做一個簡單的介紹：我從事這項工作已經很多年了，我對服裝的樣式和質料以及它們分別適合哪種類型的人都有著深入的研究。所以，我一定可以幫您挑選出一套最合適您的衣服，而且這項服務是完全免費的。」

有人曾經說過：「一個吸引人的開場白，就已經使一次銷售成功地實現了一半。」一段精彩的開場白，不僅可以引起客戶對自己的重視，還可以引起客戶對你接下來言談舉止的強烈興趣。

可見，給對方留下良好的第一印象非常重要，它關係到你事業的發展，關係到你的人際交往等等。

西方一些國家的政府官員往往會採用這種技巧：接受陳情案時，並不送對方到門口；否決時，必定恭恭敬敬地送到大門口，握手道別，讓那些沒有達到目的的人懷著感激對方已盡力的心情回去。這樣就可以避免別人埋怨的目光和與別人結怨的可能性。

我們平時在日常交際中也應該注意這些細節。我們是不是在熱情招待朋友之後，朋友剛剛離去，我們就把大門砰地關起來，使前面的款待前功盡棄。與別人會談結束的時候，如能將自己的感激之情用三言兩語表達出來，一定也會給對方留下難以忘懷的印象。

我們應該怎麼在生活中做到這些呢？

一、要學會禮貌待人，主動熱情

禮貌待人是中國人的傳統美德。它不僅要求用語禮貌，使用「請」、「謝謝您」、「對不起」等等這些日常禮貌用語，而且要求舉止得體，坐有坐相，站有站姿。主動熱情要求在交往中表現爲喜歡、讚美和關注他人。

二、積極求同，縮短距離

人在交往中有一個重要的原則就是相似性原則。雙方在興趣、愛好、觀點、志向，甚至年齡、籍貫、服飾等方面的相同之處，往往可以縮短彼此間的距離。

三、瞭解對方，記住特徵

在與人初次交往之前，要盡量瞭解對方的情況。譬如你瞭解到對方喜歡養花，那麼你就可以在談話時說些有關養花的逸聞趣事，這樣可以縮短談話的距離。

四、要經常面帶微笑

無論是在家裡，還是在辦公室，甚至在途中遇見朋友，只要不吝惜微笑，立刻就會顯示出你意想不到的良好效果來。一些不懂得利用微笑價值的人，實在是很不幸的。

五、要記住對方的名字

不論身處何種場合，當他人將對方介紹給你時，你就必須馬上記住對方的姓名。唯有適時稱呼對方姓名，才能顯出親切感。

六、要適時贊同對方的言論

一個人不論其年齡、地位的高低，他都是一個極爲關心自己的人。假如你能適時地稱讚對方所說的話，一定能夠贏得對方的好感。

七、要善聽人言，善解人意

專心傾聽對方談話，是交往祕訣之一。在談話過程中，盡量不去打斷別人的談話。這樣，對方就會覺得受到尊重，且以爲你對他的觀點產生興趣。

八、要針對對方關注之事予以刺激

不管你交往對手是誰，只要你能找出適當的話題，抓住對方的注意力，就能刺激對方的興趣。

每個人都希望得到別人的肯定，並據以確認自己的重要性。因此，每個人內心都非常渴望他人有讚賞。讚美對方的行爲，往往會收到意想不到的效果。

謝謝您購買 11招，教你練習不生氣：超貼切情緒控制術 這本書！

即日起，詳細填寫本卡各欄，對折免貼郵票寄回，我們每月將抽出一百名回函讀者寄出精美禮物，並享有生日當月購書優惠！

想知道更多更即時的消息，歡迎加入“永續圖書粉絲團”

您也可以利用以下傳真或是掃描圖檔寄回本公司信箱，謝謝。

傳真電話：（02）8647-3660　　信箱：yungjiuh@ms45.hinet.net

☺ 姓名：＿＿＿＿　□男　□女　　□單身　□已婚

☺ 生日：＿＿＿＿　□非會員　　□已是會員

☺ E-Mail：＿＿＿＿　電話：（　）＿＿＿＿

☺ 地址：＿＿＿＿

☺ 學歷：□高中及以下　□專科或大學　□研究所以上　□其他＿＿＿＿

☺ 職業：□學生　□資訊　□製造　□行銷　□服務　□金融

□傳播　□公教　□軍警　□自由　□家管　□其他＿＿＿＿

☺ 您購買此書的原因：□書名　□作者　□內容　□封面　□其他＿＿＿＿

☺ 您購買此書地點：＿＿＿＿　金額：＿＿＿＿

☺ 建議改進：□內容　□封面　□版面設計　□其他＿＿＿＿

您的建議：＿＿＿＿

廣告回信
基隆郵局登記證
基隆廣字第57號

新北市汐止區大同路三段一九四號九樓之一

大拓文化事業有限公司收

請沿此虛線對折免貼郵票，以膠帶黏貼後寄回，謝謝！